Floréal **Sotto**

50 SUPER ACTIVITÉS POUR CULTIVER LA PATIENCE EN TOUTES CIRCONSTANCES

jouvence
EDITIONS

Également aux Éditions Jouvence

Un cerisier sur le balcon, pratiquer le zen en ville, Laia Monserrat

Être proche-aidant, c'est apprendre à danser sous la pluie, Rosette Poletti

365 jours pour éveiller les ressources qui sont en vous, Rosette Poletti et Barbara Dobbs

Les Saveurs du silence, Helen Monnet

Oser courir sa vie, Delphine Buisson

ÉDITIONS JOUVENCE

France : BP 90107 – 74161 Saint-Julien-en-Genevois Cedex
Suisse : Route de Florissant, 97 – 1206 Genève
Site Internet : www.editions-jouvence.com
E-mail : info@editions-jouvence.com

ISBN : 978-2-88953-166-0

Maquette et réalisation de couverture : Maële Vincensini
Maquette intérieure et mise en pages : Stéphanie Roze

Illustrations de couverture : © Freepick
Illustrations intérieures : Adobe stock : p.16 © biscotto87 ; p.18, 19 © khaladok ; p.21 © beatwalk ; p.24 © chatchaisurakram ; p.35 © vividvic ; p.48 © azotsuka ; p.49 © soleg ; p.52 © pikovit ; p.53 © taesmileland ; p.54 © Skellenai ; p.57 © VIGEco ; p.59 © VRD ; p.61 © foxysgraphic ; p.62, 95, 96, 97, 99 © sfischka ; p.66 © croisy ; p.67 © elenabsl, © irinamaksimova, © Cattallina, © Ornavi ; p.69, 70 © NLshop ; p.76, 77 © Fiedels ; p.78, 90 © Matsabe ; p.79 © nadiinko ; p.80, 81 © pyty ; p.83 © radmila85 ; p.84 © Aliaksandr Siamko ; p.85 © Zdenek Sasek ; p.93, 103 © nikola-master ; p.102 © derplan13 ; p.103 © dbelashova.
Schéma : p. 27 © Éditions Jouvence.

SOMMAIRE

CHAPITRE 1 : DES ACTIVITÉS POUR SE DIVERTIR

CHAPITRE 2 : DES ACTIVITÉS POUR PRENDRE SOIN DE SOI

CHAPITRE 3 : DES ACTIVITÉS POUR APAISER SON MENTAL

CHAPITRE 4 : DES ACTIVITÉS POUR DÉVELOPPER SA CRÉATIVITÉ

INTRODUCTION

POURQUOI UN LIVRE SUR LA PATIENCE ?

Apprendre à patienter alors que l'impatience nous gagne de toute part. Vite, répondre au téléphone, vite arriver à un rendez-vous, vite chercher une information en ligne. Vite tout avoir, tout savoir, tout vouloir, tout donner. Vite.

Pourtant, la vie crée toujours autant de moments de latences : des ralentis, des suspensions, des points d'orgues. Nous nous retrouvons bloqués dans une gare à attendre un train, nous attendons impatiemment un message de l'être aimé, nous guettons une nouvelle décisive pour notre vie, nous espérons voir le monde dans lequel nous vivons être plus en paix. Et bien souvent, si peu habitués à vivre l'attente, nous fulminons, impatients, exigeants. Frustrés.

Alors pourquoi la vie continue-t-elle d'offrir ces moments de vide ? Pourquoi la vie résiste-t-elle aux pouvoirs des technologies, de l'organisation, de la loi du tout, tout de suite et maintenant ? Quand tout dans notre époque semble vouloir éradiquer les aléas des contretemps, qu'avons-nous encore à apprendre de l'attente ? Et comment pourrions-nous réapprendre à profiter de ces moments pour nous enrichir vraiment ?

Au cours des dernières décennies, nous avons, pour la plupart, acquis le réflexe de sortir notre téléphone de notre poche et de parcourir les fils d'actualités des réseaux sociaux, d'errer sur des sites Internet, de nous acharner à gagner le plus de bananes et d'ananas possible sur notre jeu préféré, etc. Comme si seule la sensation d'hypnose générée par l'écran pouvait nous apaiser. Comme si seul le monde contenu dans ces petites machines était une réponse à l'impatience. Comme si nous ne savions plus trouver les ressources en nous-mêmes pour cultiver notre patience.

Pourtant, l'attente est une invitation à la rêverie, à la détente, à l'apaisement. Un moment privilégié pour nous rapprocher de notre rythme intérieur, pour pouvoir davantage nous écouter et apprendre à mieux accueillir la patience, la joie, la tendresse, la douce sensation d'émerveillement. En toutes circonstances. L'attente offre le luxe du calme nécessaire pour ensuite pouvoir mieux supporter l'agitation permanente. Alors qu'elle nous paraît souvent ce qu'il y a de plus insupportable, il faut du courage pour apprendre à l'apprécier, mais ses bienfaits sont incontestables.

Ce livre est là pour vous accompagner, vous guider, activité après activité, dans ce voyage merveilleux qu'est la musicalité de la patience.

CULTIVER LA PATIENCE, C'EST QUOI ?

Le fonctionnement de ce livre est simple : il vous propose de profiter des moments au cours desquels vous devez attendre pour vous enrichir et vous amuser… tout en vous donnant l'opportunité de développer ce dont vous avez justement besoin : la patience.

Quand on y pense, l'attente et la patience sont des concepts étonnants. Ils sont, en quelque sorte, les deux faces opposées et complémentaires d'une même pièce.

Nous pourrions dire que l'attente est le temps écoulé entre un moment A et la manifestation souhaitée d'un moment B. Par exemple, moment A : le bus n'est pas là. Moment B : le bus arrive. **L'attente serait donc tout ce qui constitue ce laps de temps entre le moment A et le moment B, tout ce avec**

À faire !

Cela pourrait d'ailleurs être votre premier exercice pour vous occuper la prochaine fois que vous devrez patienter pour quoi que ce soit. Essayez de définir ce que sont la **patience** et l'**attente**, et vous vous rendrez compte que cela n'est pas si simple… Cela vous occupera sans doute un bon moment !

quoi nous le remplissons : nos pensées, nos émotions, nos distractions, nos rêveries, nos lectures, nos jeux, nos efforts, etc. Parfois l'attente est composée seulement de l'ennui, du vide, du rien, parfois au contraire nous faisons tout pour la remplir autant que possible afin de ne pas ressentir ses effets. Parfois l'attente est paisible, parfois au contraire elle nous excède et nous devons alors faire preuve de patience.

Et cela se complique lorsque nous attendons quelque chose qui recouvre un enjeu important pour nous. Par exemple, si le bus que nous attendons doit nous conduire à un rendez-vous déterminant pour notre vie. L'attente devient alors insoutenable, elle se ponctue de suspens – le bus viendra-t-il ? Sera-t-il à l'heure ? – et d'un grand sentiment d'impuissance car nous n'avons aucun pouvoir pour manifester dans le réel le moment B comme nous le voulons. Dans ces moments-là, l'attente devient une expérience encore plus surprenante car nous sommes obligés de canaliser toutes sortes d'émotions subreptices : la peur, la colère, le doute, etc. Nous sommes obligés également de canaliser notre mental qui se met à échafauder divers scénarios (pourquoi est-il en retard ? Que se passera-t-il s'il ne vient jamais ? etc.).

L'attente devient alors une véritable œuvre de patience.

La patience... Cette qualité que nous rêvons tous et toutes de développer et de fortifier, car **la patience est cet état de l'être mystérieux qui nous permet de supporter, de surmonter, de persévérer en toutes circonstances.** Si nous vivons un moment douloureux dans notre vie, nous devons patienter jusqu'à aller mieux. Si nous espérons devenir bon dans une discipline donnée, nous devons patienter jusqu'à ce que nos efforts paient. Si nous avons été fortement contrarié par une personne, nous devons patienter jusqu'à nous calmer avant d'entreprendre une conversation. La patience nous aide et nous accompagne dans toutes les plus grandes étapes de la vie.

Et même dans les situations les plus quotidiennes, la patience nous est nécessaire : patienter dans la queue de la boulangerie, patienter d'avoir suffisamment économisé pour pouvoir acheter les chaussures qui nous plaisent, patienter pendant que la délicieuse ratatouille qui mijote sur le feu finisse de cuire, patienter pour obtenir la confirmation d'un rendez-vous, etc. Qui ne s'est pas déjà profondément et immodérément agacé dans ce genre de moment ? Qui ne s'est pas déjà maladivement impatienté ?

Bien sûr, certaines personnes sont plus tranquilles que d'autres, mais nous avons tous et toutes un jour fait l'expérience de manquer cruellement de patience et mesuré à cette occasion à quel point cette qualité est importante, à quel point elle est utile, et à quel point il peut être bénéfique de la fortifier. **C'est en bonne représentante des impatients que j'ai décidé d'écrire ce livre... Il m'a d'ailleurs fallu cultiver ma patience pour réussir à l'achever !**

QUELQUES CONSEILS D'UTILISATION

- Gardez ce livre dans votre sac pendant au moins un mois et consultez-le à chaque fois que vous devez attendre quelque chose.
- Faites les activités dans le désordre en fonction de votre besoin du moment. Faites simplement confiance à ce qui vous appelle dans l'instant, à ce qui vous fait plaisir !
- Faites les activités en prenant des notes dans le livre, ou sur un cahier à part, mais entraînez-vous aussi à les faire simplement dans votre tête pour muscler vos habitudes, et petit à petit pouvoir vous passer du livre.
- N'hésitez pas à faire ces activités avec vos amis, votre famille, vos collègues pour développer avec eux une culture commune de la patience.
- Créez vos propres activités ! Ce sera sans doute la meilleure manière de vous occuper et de développer une plus grande autonomie de patience (quelques pages sont réservées à cet effet à la fin du livre).
- Et surtout, surtout : n'oubliez pas de vous amuser !

NOTIONS DE BASE POUR CULTIVER LA PATIENCE

RESPIRER : il n'y a pas besoin d'être scientifique ni très spirituel pour savoir que la respiration est la base de la vie, alors simplement, pensez à respirer. Nous n'avons besoin de rien d'autre dans l'instant pour être vivant. Nous pouvons nous passer de boire et de manger pendant des heures. **Mais respirer nous est nécessaire à chaque instant,** c'est le mouvement continu et stable de la vie qui circule à l'intérieur de nous. Alors RE-SPI-REZ !

OBSERVER : le monde extérieur et notre monde intérieur regorgent de beauté, de magie, de mystères insondables. Ils foisonnent d'occasions de nous laisser surprendre, de nous divertir, de nous permettre d'apprendre, de découvrir, de nous amuser. Alors observez, **observez les couleurs, les formes, les gens, les choses, les nuages, les saisons qui passent.** Observez. **Observez-vous vous-même aussi**, vos pensées, vos émotions, vos sensations physiques. Et laissez-vous surprendre...

DÉZOOMER : parfois de petites choses nous semblent si graves, si importantes. Comme si elles avaient le pouvoir de tout changer, notre vie, la vie des autres, le monde entier ! Alors **pensez à changer de focus et élargissez votre angle de vue.** Replacez les événements qui vous contrarient dans le tableau plus grand de votre vie, et dans le tableau encore plus immense de la vie en général, des êtres vivants, de l'histoire de l'humanité, de la planète qui nous accueille, de l'univers. Cela vous aidera à déstresser, à relativiser, à prendre la distance nécessaire face aux événements.

RIRE : nous sommes si souvent sérieux ! Et pourtant il y a toujours une chose dont nous pouvons bien rire : c'est de notre sérieux ! Alors quoi qu'il arrive, **cherchez la possibilité du rire en vous** et écoutez-le comme le plus précieux conseil qui puisse vous être donné ! Patientez... oui... mais avec humour !

1. ACTIVITÉ FONDAMENTALE :

NO COMPLAIN CHALLENGE

Il y a un peu plus d'un an, j'ai eu une idée qui a révolutionné ma vie. J'étais bloquée dans le métro bondé, un matin à 8 heures, alors que je me rendais au travail. J'étais de mauvaise humeur et j'avais toutes sortes de pensées négatives qui me traversaient l'esprit. « J'en ai marre de Paris », « les métros sont vraiment insalubres », « je vais être stressée toute la journée à cause de ce retard », « j'aurais pu dormir plus longtemps », etc. Pourtant, j'étais coincée et je n'y pouvais rien ! J'aurais dû simplement prendre mon mal en patience, accepter tel quel le moment présent, mais au lieu de ça, je fulminais, je me rebellais face à la réalité, et ce faisant, je m'emplissais d'énergies négatives.

Et soudain, je me suis entendue. Un peu comme si une autre personne hurlait dans ma tête avec un mégaphone un tas de paroles désagréables. Et j'ai eu envie d'éteindre le son. J'ai eu envie d'être en paix, de sourire et de me laisser aller à l'instant présent. Oui, c'est vrai, j'étais coincée dans le métro, et alors ? Ce n'était pas si grave après tout ! À quoi bon en rajouter avec toute cette impatience ?

Ce jour-là, j'ai inventé ce que j'appelle le *no complain challenge*. J'ai décidé d'essayer de ne plus me plaindre jusqu'à être arrivée au travail. Et je me suis rendu compte immédiatement que c'était en effet un immense défi !

Si je ne voulais plus me plaindre, il me fallait alors me concentrer seulement sur le côté positif des choses, il me fallait faire abonder dans mon esprit uniquement les pensées joyeuses, les satisfactions, les fiertés,

BAISSER LE SON !

les plaisirs. Et inversement, je devais baisser le son de mes petites rancœurs, mes tristesses, mon stress, mes regrets, mes colères, etc., jusqu'à les rendre inaudibles.

C'est alors que, dans ce métro bondé, une autre réalité m'est apparue. Il y avait autour de moi plein de gens qui avaient l'air gentils, avec qui je pouvais engager la conversation... Et il y avait aussi des personnes étranges dont il était captivant d'analyser les attitudes. Il y avait aussi, dans ma tête, plein de rêves agréables que j'étais bien contente d'avoir le temps d'entretenir dans ce petit moment volé. Il y avait aussi un livre super dans mon sac que je pouvais ouvrir pour en avancer la lecture. Au pire, j'avais même mon téléphone dont je pouvais me servir pour envoyer quelques messages drôles à des amis et profiter de ce moment pour m'amuser.

Voilà donc, comment ce jour-là, j'ai fait une découverte in-cro-ya-ble ! C'était aussi simple que ça : j'ai découvert la patience !

En arrivant au travail, je me sentais légère et j'ai décidé d'étendre mon *no complain challenge* à 24 heures. Je savais que j'allais devoir affronter d'autres moments désagréables au cours de ma journée durant lesquels il me faudrait patienter... Alors pourquoi ne pas continuer ? J'ai passé une excellente journée, et je me suis énormément amusée !

Si bien qu'après vingt-quatre heures, je n'ai plus pu m'en passer et j'ai continué encore et encore...

Les règles du No Complain Challenge sont simples :

Vous ne devez pas vous plaindre **dans votre tête.**

Vous ne devez pas vous plaindre à l'oral.

Vous ne devez pas vous plaindre du ***challenge.***

Alors, à vous de jouer ! Votre première mission est de vous entraîner au *No complain challenge.*

Disons que cette activité est la base qui rendra possible toutes les autres !

★ ★ ★

Exercice

Pour commencer, donnez-vous d'abord une durée raisonnable, essayez par exemple pendant un moment court (en attendant le train, dans les embouteillages, etc.). Puis petit à petit, si cela vous plaît, étendez le challenge à 24 heures, une semaine, etc. Rassurez-vous, il est normal que vous n'y arriviez pas tout de suite, mais dans un premier temps, l'essentiel est de :

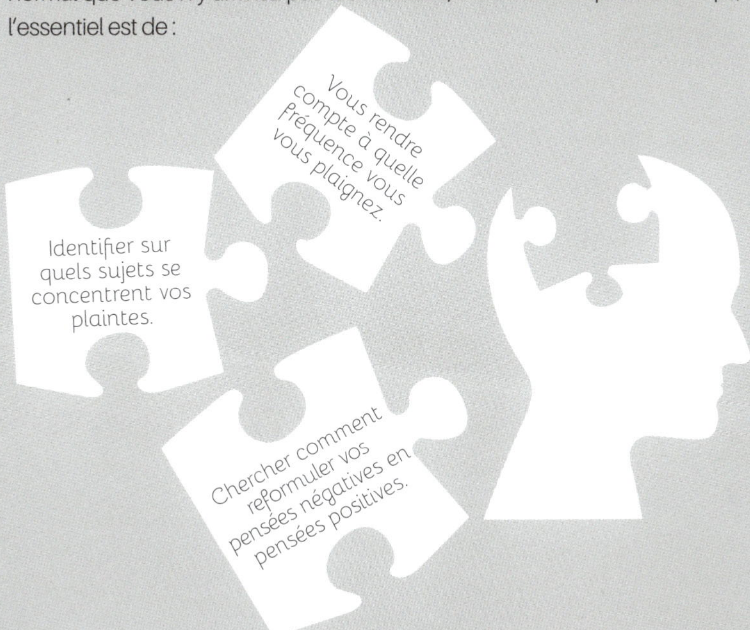

CONSEIL

Prévenez vos proches, car ils risquent d'être surpris ! Soudain, quand une personne cesse de se plaindre de ses petits tracas quotidiens, cela fait une sacrée différence ! Et essayez de les convaincre de faire le *no complain challenge* avec vous, ça vous facilitera la tâche et ce sera plus drôle !

ATTENTION !

Vous pourrez avoir la tentation de tricher en devenant ironique voire, cynique ! Si cela vous amuse, profitez-en un peu... mais sachez que cela reste de la triche !

CHAPITRE 1

Des activités pour se divertir

Dans les moments d'attente, l'impatience nous gagne souvent pour la simple raison que nous sommes entièrement concentrés sur l'attente en elle-même. Un des moyens les plus simples de cultiver la patience est donc de faire diversion en occupant son esprit à d'autres choses.

Aussitôt absorbé par une autre activité, vous ne ressentirez plus la lourdeur de l'attente.

Les activités de ce premier chapitre ont donc pour objectif de vous encourager à vous amuser pendant que vous attendez.

Vous trouverez principalement des activités insolites et ludiques pour vous divertir. Mais vous trouverez également des exercices qui vous encourageront à créer, par vous-même, des activités pour le futur.

2. LE COLORIAGE DE LA *patience*

À colorier !

Les études menées en art thérapie nous apprennent que le coloriage, la peinture et le dessin sont d'excellentes techniques pour réguler notre stress. Même pour les personnes qui n'ont pas habituellement de pratique artistique. **Ces activités ont pour effet d'abaisser notre niveau de cortisol (l'hormone que nous sécrétons en cas de stress) et ainsi d'améliorer notre sensation de bien-être.**

3.

LES LABYRINTHES DE LA PERSÉVÉRANCE

Vous arrive-t-il de vous remémorer ce que vous faisiez quand vous étiez enfant pour patienter ? Il y a fort à parier que vous vous mettiez à jouer ! Malheureusement, pour beaucoup, nous perdons le goût du jeu en devenant adulte, alors qu'il pourrait encore nous être si utile et agréable !

Profitez d'un prochain moment d'attente pour essayer de vous reconnecter à l'enfant qui vit toujours à l'intérieur de vous, et amusez-vous à résoudre ces labyrinthes extraordinaires !

Le saviez-vous ?

La notion « d'enfant intérieur » est un concept de psychologie principalement utilisé dans les techniques de développement personnel. Cette expression désigne les empreintes de l'enfant que nous avons été et qui restent vivantes à l'intérieur de nous en devenant adulte, bien qu'elles soient souvent masquées. **Pour la plupart, nous nous sommes déconnectés de la spontanéité émotionnelle de notre enfance, des joies simples, de l'imagination débordante, des grands éclats de rire, des caprices, des peurs vives, etc., et nous avons « normé » nos attitudes et nos ressentis en fonction des attentes de la société.** D'ailleurs imaginez un monde où les adultes se comporteraient tous et toutes encore exactement comme des enfants de 3 ou 4 ans ! Se reconnecter à son enfant intérieur signifie donc se laisser la possibilité pour un moment de vivre le monde comme lorsque nous étions enfant... Et dans le cas présent, de retrouver la joie innocente du jeu.

Exercice

Trouvez votre chemin !

Corrigé page 109.

Le saviez-vous ?

L'art du labyrinthe suppose autant de créer un effet visuel impossible à résoudre au premier coup d'œil, mais également à développer des formes à l'esthétisme raffiné et fascinant.

UN PETIT CONSEIL POUR VOUS LANCER

Commencez par tracer un chemin (contenant des circonvolutions) menant d'un point A à un point B, puis à partir de ce premier tracé, faites partir des embranchements qui mèneront soit à des culs-de-sac, soit à rencontrer de nouveau la boucle initiale.

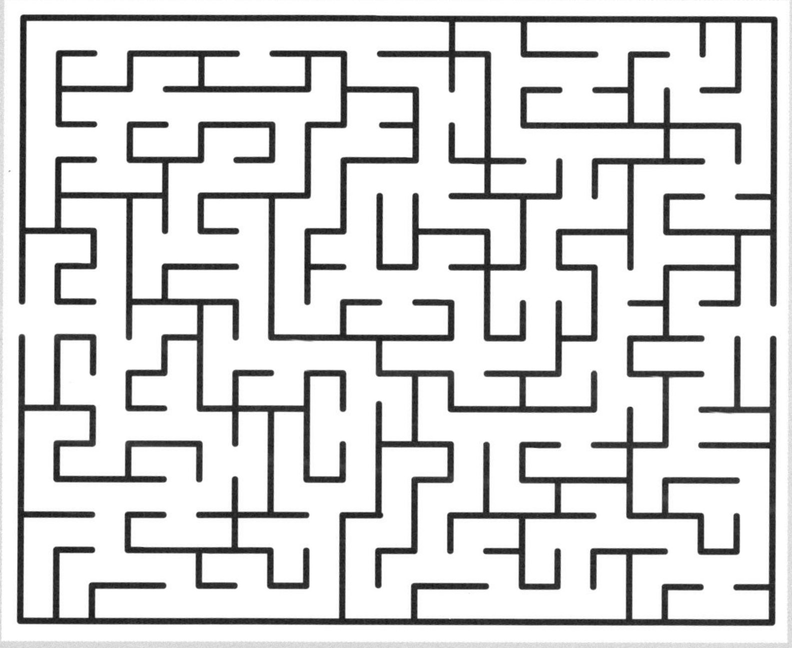

Vous pouvez aussi essayer de créer vos propres labyrinthes dans les pages finales de ce cahier. Cela peut sembler simple au premier abord, mais cet exercice demande en fait beaucoup de patience et de persévérance.

4. LES MOTS CLEFS DE LA patience

VERTICAL

1. Faire une activité physique ou mentale pour se divertir.
2. Faire perdre le caractère absolu d'une chose en la comparant à une autre.
3. Caractère de ce qui est sans gravit, sans importance.
4. Fermeté, force de caractère pour affronter une situation difficile.
5. Forme d'esprit qui s'attache à souligner le caractère insolite ou absurde de la réalité.
6. Absence d'agitation, de stress.
7. Envisager les choses sous un angle constructif.

HORIZONTAL

6. Faculté d'invention, d'imagination.
8. Action d'inspirer et d'expirer en conscience.
9. État de vivre sans activités.
10. Vider son esprit jusqu'à ne penser à rien.
11. Faculté d'attendre sereinement.

Découvrez en jouant, les mots clefs qui vous aideront à cultiver votre patience.

Corrigé page 109.

5. VIVE LE TEMPS PERDU !

Comme la plupart des gens, il vous arrive sans doute de vous plaindre de n'avoir pas assez de temps pour faire tout un tas de choses ? Appeler des amis perdus de vue, apprendre sur un sujet qui vous passionne, faire du rangement, trier vos photos, écrire vos mémoires, etc. Eh bien, c'est le moment !

Listez ici, tout ce que vous aimeriez faire et que vous avez la sensation de ne jamais avoir le temps de faire. **Et savourez d'avoir enfin le temps !**

1. ....
2. ....
3. ....
4. ....
5. ....
6. ....
7. ....
8. ....
9. ....

6. DES DÉFIS SALVATEURS POUR LES IMPATIENTS

Exercices

DÉFI N°1

Sous prétexte d'une petite enquête personnelle sur la patience, engagez la conversation avec au moins trois personnes inconnues. Essayez de connaître leur prénom, ce qui les passionne dans la vie et surtout leurs petits « trucs » pour patienter !

DÉFI N°2

Vous avez sans doute déjà entendu parler de la thérapie du rire (la risothérapie) ? Il s'agit simplement d'utiliser le rire pour faire du bien à soi-même et aux autres ! Eh bien, le défi est lancé : commencez à sourire, puis à rire. Même si vous êtes dans un lieu public, essayez... Qui sait ce qu'il peut se passer ?

DÉFI N°3

Vous avez forcément entendu parler de l'effet papillon ? Alors, donnez-vous pour défi de déclencher un effet papillon de la bonté. Faites un petit cadeau à un inconnu et demandez-lui de faire à son tour un cadeau à quelqu'un et ainsi de suite pour faire perdurer la chaîne le plus longtemps possible.

Lancez-vous des défis simples et amusants pour profiter de ces moments d'attente ! **Les défis nous permettent de nous ouvrir sur l'inconnu, le nouveau, l'inattendu… et de nous amuser !** Il n'y a rien à perdre à essayer, d'autant que là, tout de suite, maintenant, vous n'avez rien de mieux à faire !

DÉFI N°4

Demandez à un ami de vous lancer un défi !

DÉFI N°5

Demandez à un inconnu s'il/elle souhaite échanger avec vous pendant que vous attendez, plutôt que de s'impatienter chacun de son côté. Proposez-lui un défi simple : trouver au moins 10 points communs entre vous. Tentez le défi avec des personnes auxquelles vous avez l'impression de ressembler, mais aussi avec des personnes à qui vous ne ressemblez pas du tout et que vous n'auriez jamais l'occasion de rencontrer autrement.

DÉFI N°6

Si vous devez patienter en présence d'un proche, entraînez-vous à pratiquer le eye contact. Cela paraît simple, mais vous allez voir, c'est en fait un véritable défi ! Il suffit de se regarder dans les yeux au moins une minute. Vous pouvez bien sûr étendre cette durée aussi longtemps que vous le souhaitez. Vous verrez, l'expérience est souvent très intense ! Partagez ensuite tout ce que vous avez ressenti.

DÉFI N°7

Créez votre propre défi. Vous pouvez en rédiger les règles dans les pages finales de ce livre, puis les partager avec vos proches.

7.

REMUE-MÉNINGE

Il y a des questions sans réponses, des questions qui suscitent des débats intarissables, des questions qui nous préoccupent tous.

Nous vous proposons ici une liste de questions sur des sujets de société qui devraient vous occuper un certain temps ! Profitez de vos prochains moments d'attente pour y réfléchir ou pour provoquer des conversations avec vos proches. Appliquez-vous à écouter et comprendre les avis qui divergent du vôtre.

Cela vous permettra de muscler votre capacité à converser sur des sujets épineux… et donc à renforcer votre patience !

Exercice

- L'être humain est-il bon par nature ?

....

....

....

- Les êtres humains et les animaux sont-ils égaux ?

....

....

....

- L'extinction des êtres humains serait-elle une bonne chose pour la planète ?

....

....

....

- Comment remédier à la pauvreté ?

....

....

....

- A quoi sert la discrimination ?

....

....

- L'humanité progresse-t-elle ?

....

....

....

- Peut-on rire de tout, avec tout le monde ?

....

....

....

- L'être humain est-il fait pour la coopération ou la compétition ?

....

....

....

- Tout le monde est-il fou ?

....

....

....

- Quelles sont les mesures les plus urgentes à mettre en place pour sauver la planète ?

....

....

8. LE JOURNAL DES BONNES NOUVELLES

Attendre vous donne le cafard ? Alors plutôt que de broyer du noir, apprenez à **PO-SI-TI-VER** ! Collectez dans les journaux (en ligne ou dans un kiosque) au moins 10 bonnes nouvelles. Faites-en un « Petit Journal des bonnes nouvelles » et relisez-le dès que vous vous sentez démoralisé. Vous pouvez aussi le partager avec vos proches pour diffuser votre positive attitude !

1

2

3

4

5

6

7

8

9

10

9. L'ORIGAMI, UN ÉLOGE DE la lenteur

L'origami est un art japonais du pliage de papier. Il permet de créer de jolies figurines. Nous vous proposons ici de vous lancer dans un pliage assez difficile, qui vous demandera la patience d'une tortue...

Le saviez-vous ?

Dans la culture occidentale la tortue est souvent associée au symbole de la lenteur... mais d'une lenteur qui assure la victoire. La fable de La Fontaine, « Le lièvre et la tortue », a immortalisé cette croyance. Alors, comme l'auteur nous le rappelle, apprenez à vous « hâter avec lenteur ».

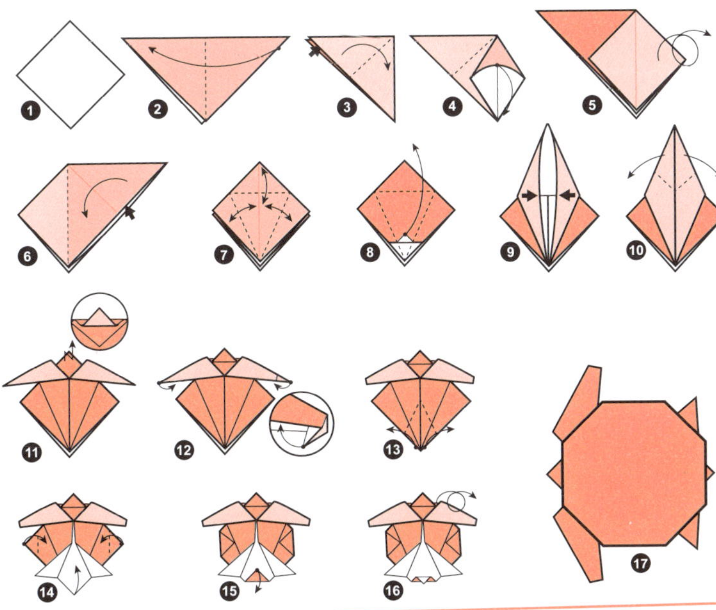

10. QUELQUES JEUX POUR BOUSCULER SES AUTOMATISMES

Exercices

CONTRAINTE N°1 :

Faites tout à l'envers. Par exemple, si vous êtes gaucher, utilisez votre main droite pour tout, et vice-versa.

CONTRAINTE N°2 :

Dans la prochaine conversation que vous entretiendrez avec quelqu'un, commencez toutes vos phrases par une même lettre. Demandez à votre interlocuteur s'il veut bien jouer avec vous et attribuez-lui une autre lettre. Cela vous demandera de ralentir votre rythme de communication et d'être plus attentif aux mots choisis et à la qualité de votre échange avec votre interlocuteur.

Le saviez-vous ?

Les scientifiques ne savent encore expliquer clairement les causes de cette distinction entre les êtres humains, mais ils affirment que cela influe sur l'utilisation que nous faisons de nos 2 hémisphères cérébraux. Ceux-ci ont des fonctions différentes dans les aptitudes au langage, à la logique, à l'orientation, etc. En utilisant davantage la main que vous sollicitez généralement le moins (et cela vous demandera de la patience), vous encouragerez le développement de nouvelles aptitudes.

Surtout, n'oubliez pas de vous amuser en vous adonnant à ces jeux !

CONTRAINTE N°3 :

Lorsque vous parlez, remplacez tous les S par des F. Cet exercice, inspiré d'exercices théâtraux pour la formation d'acteurs, vous permettra de travailler votre diction. Bien souvent, nous parlons trop vite, sans ne plus faire attention à la qualité de notre énonciation. Ainsi vous pourrez redécouvrir le goût des mots.

CONTRAINTE N°4 :

Choisissez un mot au hasard et essayez de le placer de manière discrète dans une conversation de manière à apporter de l'apaisement dans n'importe quel type d'échange (exemple : patience, douceur, bienveillance, confiance, etc.).

CONTRAINTE N°5 :

Souriez. Même si vous êtes en train de vous impatienter et que vous n'avez pas du tout envie de sourire, laissez vos lèvres prendre la forme d'un léger sourire, et vos yeux se plisser comme lorsque vous vous sentez contenté, vos pommettes remonter légèrement vers le haut, votre front se détendre. Tentez de maintenir cet artifice pendant au moins cinq minutes.

CONSEIL

Observez comment le simple fait de transformer (même artificiellement) l'expression de votre visage modifie votre état intérieur.

11. L'INVENTION INCROYABLE

Les enfants débordent d'imagination et ne sont jamais à court d'idées pour s'occuper. Ils peuvent utiliser n'importe quel objet pour en faire un château, une montgolfière, un sous-marin. **Ils voient au-delà du réel et s'amusent avec un rien. En devenant adulte, nous perdons notre fantaisie et les choses qui nous entourent ne sont plus que ce qu'elles sont. Cultiver son imagination est un des meilleurs moyens pour vivre avec plaisir les moments de latence…** Elle est une richesse dans laquelle nous pouvons puiser de manière illimitée !

EXEMPLES

- Il faudrait créer des distributeurs de rêves. Comme si la machine à café du hall de gare pouvait vous délivrer un rêve pendant que vous attendez votre train. Imaginez ! Il y aurait des distributeurs de rêves partout ! Vous auriez peut-être le choix entre « rêve de voyage », « rêve amoureux », « rêve de succès », « rêve de science-fiction », « rêve poétique », etc.
- Il faudrait créer une application qui nous permette de développer notre courage social. Un peu comme il existe des applications pour apprendre une nouvelle langue. Sauf qu'ici, cette application permettrait de s'entraîner à répondre à des propos discriminants ou à des situations injustes. Ce serait une très bonne façon d'utiliser son temps lorsque l'on se sent impatient !
- Il faudrait inventer une paire de lunettes qui, lorsque nous la chausserions, nous permettrait de nous autopercevoir de la même façon que nos amis nous considèrent. Cela nous aiderait à reconnaître, de temps à autre, toutes les qualités que les autres apprécient en nous.

Exercice

Et vous ? Pendant que vous attendez, que pourriez-vous inventer qui apporterait de la fantaisie à votre univers ?

Notez ici vos idées.

CHAPITRE 2

Des activités pour prendre soin de soi

« J'ai hâte de pouvoir prendre un petit moment pour moi. »

Cette phrase vous est familière ?

Nous avons souvent trop peu de temps pour prendre soin de nous. Notre attention est happée par notre travail, notre famille, nos amis, les tracas du quotidien et nous nous faisons passer au dernier plan. Cela nous rend extrêmement tributaire des autres, de leurs exigences, de leur rythme. **En fait, c'est un peu comme si nous devions toujours nous adapter aux autres et que nous repoussions constamment l'opportunité d'exister pleinement pour nous-même et par nous-même.**

Et cela, évidemment, nous demande beaucoup de patience car nous devons en permanence nous accommoder des circonstances extérieures sans jamais pouvoir faire prévaloir nos propres besoins.

Mais parfois, nous avons naturellement le besoin de nous faire du bien ici et maintenant.

Cette partie de l'ouvrage vous propose des activités qui vous permettront de vous recentrer dans les moments d'attente. Vous y trouverez des exercices ayant pour objectif de vous aider à mieux écouter vos besoins, vos émotions réelles, votre rythme et à apprendre à mieux les respecter.

Vous verrez que la pratique régulière de ces exercices vous permettra peu à peu de vous sentir moins soumis aux aléas des événements extérieurs et de mieux savoir prendre soin de vous en toutes circonstances. Ainsi, vous verrez que les situations qui vous paraissent être des moments où vous vous sentiez impatient deviendront bientôt des moments privilégiés pour prendre soin de vous.

12. LA BOITE AUX MERVEILLES

Savez-vous que vous êtes **extraordinaire** ?

Vous en doutez ? L'attente accroît vos doutes sur vous-même ? Vous remettez tout en question ? Rassurez-vous, c'est normal, lorsque nous sommes en attente, et particulièrement, lorsque nous attendons quelque chose qui représente un enjeu important pour notre vie, nous devenons plus vulnérable. Nous avons plus de mal à avoir **confiance** en nous.

C'est donc le moment de faire cette jolie activité pour consolider votre **estime de vous-même**.

Le saviez-vous ?

L'estime de soi est un concept psychologique pour définir la valeur que chacun attribue à certaines de ses qualités. Cette valeur n'est pas forcément liée à la réalité de nos aptitudes. Il est possible de se surestimer ou de se sous-estimer. Et pour la plupart, il nous arrive de nous sous-estimer dans des domaines clefs de notre vie, et de nous dévaloriser. L'exercice de la Boîte aux Merveilles permet de comparer la valeur que l'on s'attribue soi-même à celle que nous attribuent ceux et celles qui nous aiment... et de prendre conscience du grand décalage ! C'est un exercice simple et efficace pour améliorer son estime de soi.

Exercice

Le principe est simple. Avec un ami, faites deux listes chacun.

DANS LA PREMIÈRE :

Inscrivez toutes les raisons pour lesquelles vous trouvez votre ami merveilleux, que ce soit par exemple pour ses compétences, sa personnalité, ses capacités relationnelles, sa créativité, son énergie générale, ses petites particularités, ses accomplissements, la qualité de ses conseils, etc.

DANS LA DEUXIÈME :

Écrivez toutes les raisons pour lesquelles vous vous trouvez vous-même merveilleux. Il est possible que cette seconde étape soit plus difficile car l'on tend généralement à estimer davantage les personnes que nous aimons que nous-même. Si vous ressentez un léger blocage, persévérez tout de même et essayez d'identifier des raisons pour lesquelles vous vous trouvez merveilleux, exactement comme vous l'avez fait pour votre ami.

Puis, chacun à votre tour, lisez ces listes et comparez !

Et surtout, accueillez ce que vous dit votre ami, ne cherchez pas à le minimiser. Juste, acceptez.

13. Ikigaï

L'Ikigaï est un outil japonais millénaire qui a pour objectif de nous aider à découvrir ce pour quoi nous sommes faits. En nous amenant à réfléchir sur nos compétences, nos goûts, nos obligations, nos possibilités, il nous permet de mieux appréhender ce que nous aimons vraiment faire... Alors profitez de moments d'attente pour vous poser cette question existentielle : **quelle est votre raison d'être** ?

L'Ikigaï nous invite à nous poser quatre questions :

1. **Qu'est-ce que j'aime faire ?**
2. **Pour quoi suis-je doué ?**
3. **Pour quoi puis-je être rémunéré ?**
4. **De quoi le monde a-t-il besoin ?**

Chacune de ces questions est fondamentale car elles nous garantissent de trouver un équilibre dans notre vie.

Faire ce que j'aime =
JOIE.

Faire ce pour quoi je suis doué =
SATISFACTION ET FIERTÉ.

Faire ce pour quoi je peux être payé =
SÉCURITÉ MATÉRIELLE.

Faire ce qui peut être utile aux autres =
DONNER UN SENS À MON EXISTENCE.

Alors, lancez-vous et cherchez votre Ikigaï !

Exercice

Notez, pêle-mêle vos réponses dans chaque grand cercle. Une fois ceux-ci remplis, essayez de les lier deux à deux en trouvant les points communs de chacune de vos listes. Ce travail peut être un peu fastidieux, mais c'est ainsi qu'apparaîtront votre passion, votre profession, votre mission et votre vocation. Si vous avez du mal à remplir un des cercles, prenez le temps d'y réfléchir (avec patience !), car chacun est déterminant pour trouver un bon équilibre de vie. Une fois ces deux étapes réalisées, en général, l'Ikigaï se révèle facilement.

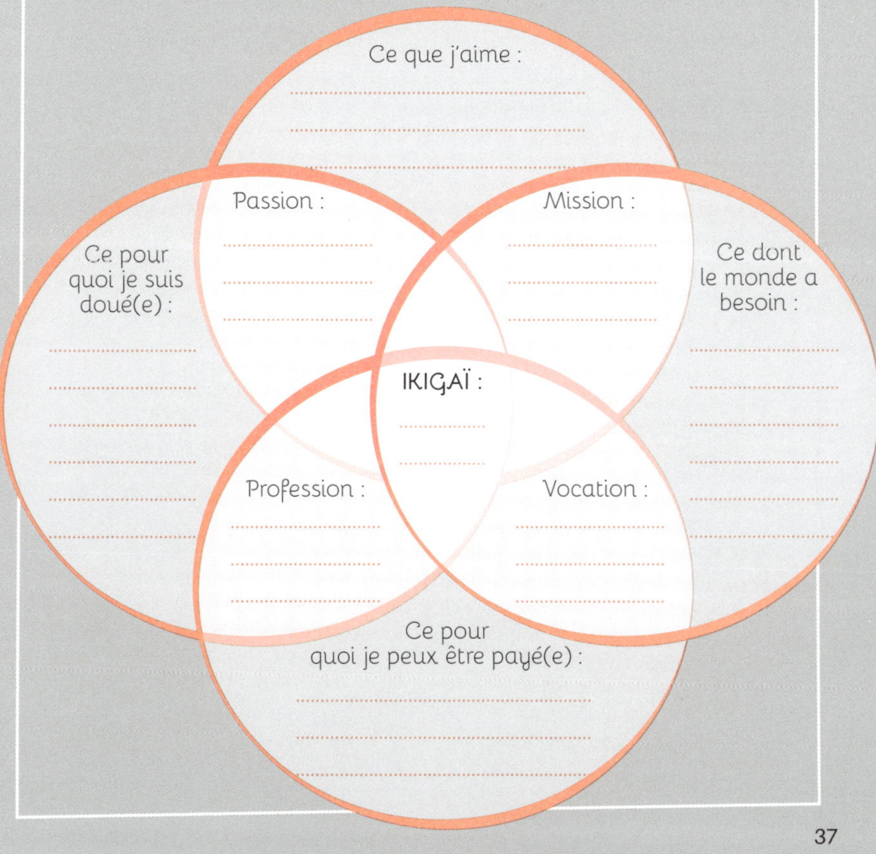

14. L'AGENDA DU PLAISIR

Puisque vous n'avez rien à faire pendant que vous attendez, pourquoi ne pas tirer avantage du temps qui vous est imparti pour vous concocter de futurs plaisirs? Profitez-en pour vous interroger sur les activités que vous aimeriez faire dans les jours ou les heures qui viennent et qui vous apporteraient de la douceur, de la joie, du réconfort. Nous oublions bien trop souvent de donner de la valeur aux petites choses qui agrémentent notre quotidien et qui nous font pourtant énormément de bien! Par exemple, au moment où j'écris cette activité, nous sommes dimanche, et le temps me paraît long... Je me suis donc fait un petit agenda du plaisir pour le lendemain. Cela me permettra de ponctuer ma journée de travail avec des moments de plaisirs!

EXEMPLE

8h : manger un petit pain au chocolat en buvant un thé.

9h : me répéter un mantra pour me donner le courage de me mettre au travail : « La vie nous rend ce que nous lui donnons. »

10h : me féliciter de me mettre au travail.

11h : prendre le temps de méditer 10 minutes pendant ma pause.

12h : aller manger au délicieux resto à côté de mon lieu de travail.

13h : faire une « power nap », au soleil sur une pelouse.

14h : penser à me réjouir du travail effectué.

15h : faire une pause pour contempler la forme des nuages et y trouver des formes d'animaux.

16h : savourer la sensation de liberté après le travail.

17h : passer un coup de fil à ma meilleure amie.

18h : aller à la piscine.

19h : rentrer chez moi en me baladant.

20h : me cuisiner un bon petit plat.

21h : regarder un bon documentaire comme *Demain*, ou *En quête de sens*, ou *La Leçon de discrimination*.

22h : prendre une douche bien chaude.

23h : me coucher, ravie de retrouver mon oreiller !

Exercice

Maintenant, à vous de créer votre propre agenda du plaisir !

	LUNDI	MARDI	MERCREDI	JEUDI	VENDREDI
8h					
9h					
10h					
11h					
12h					
13h					
14h					
15h					
16h					
17h					
18h					
19h					
20h					
21h					
22h					
23h					

SAMEDI

8h		16h	
9h		17h	
10h		18h	
11h		19h	
12h		20h	
13h		21h	
14h		22h	
15h		23h	

DIMANCHE

8h		16h	
9h		17h	
10h		18h	
11h		19h	
12h		20h	
13h		21h	
14h		22h	
15h		23h	

15. LE JEU DU « même si... »

Les moments d'attente sont souvent des moments au cours desquels nous nous sentons particulièrement vulnérables. Simplement parce que nous sommes face à l'inconnu : comment la situation que nous vivons va-t-elle se dénouer ? nous demandons-nous obsessionnellement, en trépignant d'impatience. Mais, dans ces moments-là : est-ce l'attente qui est à proprement parler insupportable, ou bien est-ce plutôt la sensation de vulnérabilité qu'elle entraîne mécaniquement ?

Serai-je satisfait ? Serai-je apprécié ? Serai-je accepté ? Serai-je reconnu ? Serai-je apaisé ? Me sentirai-je protégé ? Serai-je soulagé ? Serai-je fier de moi ? Autant de questions qui peuvent nous traverser insidieusement l'esprit lorsque nous attendons. Même dans les situations les plus quotidiennes. Alors plutôt que de stresser face à l'inconnu, nous vous proposons cet exercice du « même si... » qui a pour objectif de vous aider à **prendre conscience de tout ce qui est stable à l'intérieur de vous**. Peu importe les aléas.

Le saviez-vous ?

L'*Emotionnal Freedom Techniques*[1] est une méthode thérapeutique dite « psycho-corporelle ». Elle consiste à stimuler des points clefs situés sur les méridiens définis par la médecine chinoise. Cette stimulation est effectuée par de petits tapotements sur ces points, que l'on peut exercer soi-même. Ces tapotements doivent être accompagnés d'une pensée intérieure répétitive du type « même si je suis impatient, je m'accepte et je m'aime comme je suis ». Elle est connue pour apporter de l'apaisement et pour aider à dissiper les émotions négatives. Si cette méthode vous intéresse davantage, vous pouvez consulter l'ouvrage *L'EFT* de Maria Hurtado-Graciet et Luc Bodin[2].

1. Techniques de libération émotionnelle.
2. Maria Hurtado-Graciet et Dr Luc Bodin, *L'EFT*, Éditions Jouvence, 2011.

Exercice

Il vous suffit de compléter les phrases suivantes selon le modèle qui suit.

Même si *je ne suis pas accepté pour le poste qui m'intéresse,*
je sais que *j'ai un CV intéressant et une grande motivation*
et je finirais donc par trouver un emploi qui me plaît.

Même si *j'arrivais vraiment très en retard à mon rendez-vous à cause des embouteillages,* ***je sais que*** *je saurais me rattraper en étant particulièrement à l'écoute et généreux, une fois arrivé.*

Vous pouvez même laisser votre imagination divaguer et jouer au jeu du « Même si » avec les pires scénarios catastrophes qui vous traversent :

Même si *la personne que j'aime ne répondait plus jamais à mes messages et disparaissait sans laisser de trace,* ***je sais que*** *je suis une personne fabuleuse et que je ferai d'autres rencontres.*

À vous de jouer !

Même si .... je sais que.........................

Même si .... je sais que.........................

Même si .... je sais que.........................

CONSEIL

Si dans certaines situations ce jeu vous paraît plus difficile et que vous vous sentez particulièrement vulnérable, sans filet, profitez-en justement pour pousser votre réflexion et découvrir ce qui est stable et solide en vous. C'est une excellente occasion de travailler sur votre estime de vous-même.

16. LES ÉMOTIONS RÉELLES ET IRRÉELLES

Dans *Le Cri Primal*, le docteur Arthur Janov explique que la névrose se constitue dans l'enfance à un moment où la souffrance engendrée par la négligence de nos besoins fondamentaux est telle, qu'elle devient insupportable. **Il postule qu'à partir de ce moment-là nous continuons certes d'éprouver des émotions (quoique certaines personnes au contraire s'en coupent totalement), mais qu'elles deviennent en quelque sorte irréelles car elles ne sont plus exactement liées et proportionnées aux événements présents. Elles se font l'écho de souffrances venues de l'enfance.**

Si vous souffrez fortement d'impatience, cela provient peut-être d'une blessure d'enfance. Demandez-vous si vous avez dû souvent attendre pour que vos besoins émotionnels, physiques ou matériels soient comblés. Quels sentiments cela vous procurait-il? Cela ressemblait-il à l'impatience que vous éprouvez aujourd'hui?

Vous n'êtes peut-être pas, par nature, plus exigeant ou plus impatient que d'autres, mais, il est possible que des blessures et souffrances du passé viennent envahir votre perception du présent, jusqu'à se confondre avec lui.

TROUVER L'ORIGINE DE L'IMPATIENCE

Lorsque vous êtes en attente de quelque chose, il vous faut donc garder la tête sur les épaules et tenter de remettre les émotions à la place qui leur appartient. Elles ne doivent ni prendre le contrôle ni être enfouies. Mais ce n'est pas si simple car se mélangent des émotions qui seraient donc, en quelque sorte, réelles et d'autres irréelles. Certaines sont parfois absolument insupportables et elles peuvent nous pousser à agir de manière incompréhensible, démesurée et absurde.

Attendre, c'est une occasion idéale pour s'interroger sur l'origine de l'impatience dévorante, des peurs brûlantes, des inquiétudes étouffantes qui vous traversent. C'est l'occasion de reconnaître que ces émotions n'ont rien à voir avec le présent immédiat, mais surgissent des tréfonds du passé.

Poser cela n'enlève rien à la douleur ressentie. Mais cela évite de produire dans le présent des actes inconsidérés qui seraient complètement décalés avec la situation réelle.

Exercice

Pour vous aider à démêler vos émotions, vous pouvez faire un exercice simple. Il s'agit de vous reconnecter avec les **besoins** de trois facettes de votre être.

L'ADOLESCENT,
que vous avez été et que vous êtes toujours, qui a avant tout besoin de s'émanciper, d'affirmer ses besoins égoïstes, de se sentir libre.

L'ENFANT,
que vous avez été et que vous êtes toujours, qui a avant tout besoin de se sentir en sécurité et rassuré.

L'ADULTE,
que vous êtes et qui a avant tout besoin de respecter les principes moraux et les valeurs qui lui sont chers.

Laissez s'exprimer ces trois parties de votre être dans les colonnes ci-dessous. Observez si certaines parties s'expriment plus fortement que d'autres ou de manière plus impérative. Faites attention à les laisser toutes s'exprimer sensiblement et authentiquement. Ne censurez rien. Puis, une fois que vous avez fini, prenez le temps de vous demander comment faire de votre mieux pour respecter tous ces besoins, même s'ils semblent contradictoires.

Sachez que nos besoins d'être rassuré devraient toujours primer... et souvent nous les négligeons totalement.

MES BESOINS DE SÉCURITÉ

(besoin de l'enfant)

MES BESOINS ÉGOÏSTES

(besoin de l'adolescent)

MES BESOINS MORAUX

(besoin de l'adulte)

De quoi ai-je besoin ici et maintenant ?

Z z z 17. La sieste

Parfois, nous sommes pris d'une telle impatience, qu'il vaut mieux fermer boutique pour quelque temps et en profiter pour se reposer. La sieste, en plus de vous permettre de vous **évader** de l'attente, vous permettra de **réduire votre stress** et de rééquilibrer votre capacité à vous concentrer sur les choses importantes.

Les siestes courtes (10-20 minutes) permettent de ne pas perturber le sommeil nocturne, et vous pouvez même en faire plusieurs par jour ! Et l'avantage de la sieste c'est qu'elle peut se pratiquer partout. Confortablement installé dans son lit, mais aussi dans les transports, en salle de repos au travail, dans un parc, etc.

Alors patientez… mais en vous reposant !

CONSEIL

La technique du 4-7-8, une astuce pour s'endormir rapidement ! Le médecin américain André Weil, fervent défenseur des médecines alternatives, a inventé une technique pour s'endormir rapidement qui repose sur un compte très simple de sa respiration. Cette pratique doit être utilisée régulièrement pour gagner en efficacité… Essayez de la pratiquer tous les soirs !

- Asseyez-vous le dos bien droit, les pieds en contact avec le sol.
- Inspirez doucement par la bouche en comptant 4 temps.
- Puis retenez votre souffle en comptant jusqu'à 7.
- Expirez fort par la bouche sur 8 temps.
- Recommencez 3 fois l'exercice.

18. LES BIENFAITS DE L'AUTO-MASSAGE

Nous avons tous besoin de contact physique, et bien souvent nous en manquons. Nous accumulons les tensions et les petites douleurs. Qui ne rêve pas d'un bon massage pour se détendre ?

L'impatience peut évidemment nous amener à nous tendre davantage[3].

Exercice

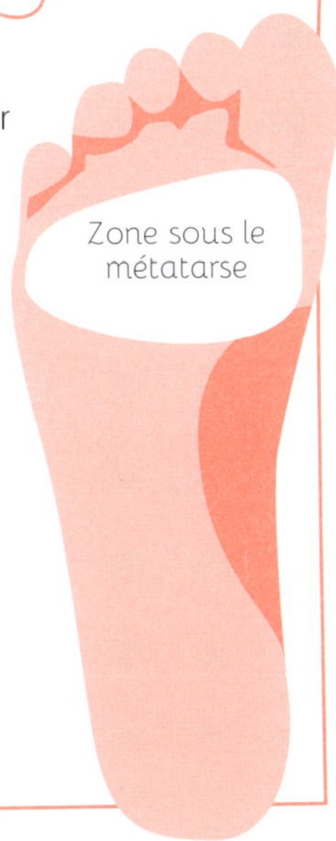

Prenez le temps de vous allonger ou de vous asseoir confortablement et entreprenez de vous masser doucement. Vous pouvez commencer par exemple par vous masser les pieds, les mains et les oreilles, qui réunissent nos principales terminaisons nerveuses. Le simple fait de les masser contribue à relaxer tout notre corps.

Vous pouvez en particulier masser le centre de votre paume de main et de votre pied (sous le métatarse), qui correspondent en médecine chinoise à notre plexus solaire. Le massage de ces points stratégiques vous permettra de vous apaiser.

3. Pour évaluer vos tensions physiques, vous pouvez vous reporter à l'activité n° 35 de cartographie corporelle.

19. LE YOGA DU VISAGE

Le yoga du visage permet de **détendre les muscles du visage tout en les raffermissant.** Une pratique régulière du yoga du visage réduit les rides et donne meilleure mine. Alors profitez des moments d'attente pour le pratiquer. Le yoga du visage peut se faire n'importe où ! Cela ne demande pas beaucoup d'efforts et vous fera le plus grand bien !

Exercices

1. Fermez les yeux et essayez de visualiser ce que l'on appelle le 3e œil, à l'arrière du front entre les deux sourcils.

Respirez un bon moment en vous concentrant sur ce point.

2. Portez attention aux tensions de votre visage : votre front est-il plissé ? Vos mâchoires sont-elles tendues ? Votre langue exerce-t-elle une pression excessive sur votre palais ? Etc.

Respirez et prenez le temps de détendre toutes les parties de votre visage.

3. Inclinez votre visage légèrement vers le bas et laissez le poids de votre peau être happé par la gravité. Puis, petit à petit, laissez le poids de votre tête vous emporter également de manière à détendre votre nuque.

4. Faites une petite gymnastique des lèvres en formant alternativement des I et des O et en cherchant à élargir le mouvement à chaque fois.

5. Placez votre poing sous le menton (comme pour vous tenir la tête) et essayez d'ouvrir votre mâchoire. Répétez l'action plusieurs fois.

6. Pour finir, massez-vous légèrement le front, les arcades sourcilières, les joues, la jonction des mâchoires, le cou, les paupières, le cuir chevelu. Faites de petits mouvements circulaires, toujours orientés vers le haut.

Et n'oubliez pas de continuer à bien respirer.

20. Se défouler

Vous vous impatientez et aucun des exercices que vous avez déjà fait ne parvient à vous calmer. **Vous avez peut-être juste besoin de décharger vos émotions négatives.**

Exercice

Voici un mur sur lequel vous pouvez écrire tout ce qui vous passe par la tête : vos colères, vos plaintes, vos frustrations, vos exigences, vos besoins… Lâchez-vous !

21 LE RÉPERTOIRE DE GRATITUDE

Remplissez cet index avec tout ce qui vous inspire de la gratitude dans ce moment présent.

Exercice

À vous de faire votre propre répertoire !

A ....

....

B ....

....

C ....

....

D ....

....

E ....

....

F ....

....

G ....

....

H ....

....

I ....

....

J ....

....

K ....

....

L ....

....

EXEMPLE

Ananas : il me suffit de penser à un ananas juteux et légèrement acidulé pour me réjouir.
Clémence : c'est le nom de ma meilleure amie ! Nous sommes amies depuis vingt ans, et je ne peux pas imaginer ce que serait ma vie sans elle !
Jardinière : j'ai accroché 2 jardinières à ma fenêtre dans lesquelles j'ai planté de la bruyère. Tous les jours, je suis heureuse de les voir, plutôt que l'immeuble d'en face !
Rire : j'ai le rire facile, surtout dans l'adversité ! Je crois que c'est une chance extraordinaire pour traverser les moments difficiles !
Wagon : j'adore les voyages en train. Il y a dix ans, j'ai eu la chance de prendre le Transsibérien, cela reste un de mes plus beaux souvenirs !

M ....
....

N ....
....

O ....
....

P ....
....

Q ....
....

R ....
....

S ....
....

T ....
....

U ....
....

V ....
....

W ....
....

X ....
....

Y ....
....

Z ....
....

22. La lettre À SOI-MÊME

Quelles que soient les circonstances actuelles qui mettent à l'épreuve votre patience, vous méritez très certainement d'être félicité pour votre courage !

Et personne n'est mieux placé que vous-même pour le faire, car il n'y a que vous qui sachiez à quel point cela représente un vrai défi pour vous.

Alors écrivez-vous une lettre à vous-même et félicitez-vous !

EXEMPLE

Voici la lettre que je me suis écrite en attendant les réponses des éditeurs pour mon premier roman :

Floréal,
Je voudrais d'abord te féliciter d'avoir écrit un roman, puis d'avoir eu le courage de le faire lire à tes amis, de le corriger, puis d'avoir cru suffisamment en toi pour oser l'envoyer à des éditeurs. Peut-être que tu ne recevras pas de réponse positive, mais écrire ce roman t'a déjà apporté énormément de joie et de fierté ! Je veux aussi te féliciter de ne pas attendre ces réponses comme si elles devaient valider la qualité de ton travail, et de les considérer seulement comme des portes qui s'ouvriront – ou non – vers de nouvelles aventures. Good Spirit Flo ! Accroche-toi et ne lâche rien !
Floréal

Exercice

23. LE JOURNAL DE LA PATIENCE

L'impatience nous amène souvent à nous concentrer sur les aspects négatifs d'un moment de vie. Pour développer votre patience, nous vous invitons à rédiger votre propre journal de la patience.

Vous pouvez rédiger ce journal en répondant aux questions suivantes :

1. **Qu'attendez-vous ?**
2. **Pourquoi est-ce important pour vous ?**
3. **Quelles sont les émotions qui vous traversent pendant cette attente ?**
4. **Quelles difficultés rencontrez-vous ?**
5. **Quels sont les différents scénarios que vous imaginez en fonction de l'évolution de la situation ?**
6. **Quelles pensées peuvent vous aider à garder patience ?**
7. **Quelles initiatives avez-vous prises pour vous faire du bien pendant votre attente ?**
8. **Quels seront les points positifs, quelle que soit l'issue de votre attente ?**

Vous pouvez tenir ce journal régulièrement, car, dans le fond, tous les jours nous attendons quelque chose…

CONCENTRER SUR LE POSITIF

EXEMPLE

MON JOURNAL DE LA PATIENCE

1. Cette année, j'ai décidé d'apprendre à me servir de Photoshop.
2. J'aimerais vraiment pouvoir réaliser des illustrations pour mes livres.
3. Je me sens très contente de cet apprentissage, mais souvent j'éprouve beaucoup de frustration et de peur. Je crains de ne pas y arriver.
4. C'est un logiciel compliqué, il faut beaucoup de temps pour se familiariser avec ses possibilités, et je crois que souvent je manque de patience !
5. Parfois je me dis que je vais parvenir à persévérer et que cela me procurera une grande liberté pour mes projets, mais la plupart du temps, j'ai l'impression que je vais abandonner et me blâmer de laisser tomber ce projet qui me tient à cœur.
6. Je me rassure en me souvenant que c'est un grand défi d'apprendre à se servir d'un logiciel, seule. Cela m'entraîne à être patiente et courageuse. Je me dis que je peux avancer un peu chaque jour. Je célèbre mes petits progrès.
7. J'essaie de « m'autorécompenser » en me faisant des cadeaux. Par exemple, si je regarde un tutoriel compliqué et que j'arrive à le mettre en pratique, je vais m'acheter un éclair au chocolat !
8. Je crois que même si je n'apprends pas parfaitement à me servir de Photoshop, au moins j'aurai acquis des bases et je pourrai m'en servir un peu. Donc quoi qu'il en soit, je suis gagnante !

Exercice

À vous de jouer !

1.

2.

3.

4.

5.

6.

7.

8.

24. LE VERRE À MOITIÉ PLEIN

Peut-être que dans l'instant présent une situation produit en vous des émotions désagréables (l'impatience, le stress, l'inquiétude...) et votre esprit se concentre sur tout ce qui ne vous convient pas. **Alors, plutôt que de regarder le verre à moitié vide, relativisez en vous concentrant sur tout ce qui va bien**. Peut-être, à la fin de cet exercice, aurez-vous finalement **un verre entièrement plein** !

Exercice

Listez tout ce qui va bien dans votre vie :

Quelle que soit la raison pour laquelle vous êtes impatient, cela vaut-il vraiment la peine d'y penser tout le temps ?

25. LE CALENDRIER DE L'AVENT de la patience

Être patient demande du courage, surtout lorsque nous attendons quelque chose qui revêt un enjeu personnel important. Dans l'instant présent, vous ne savez pas forcément comment se dénouera la situation qui vous préoccupe, mais vous pouvez d'ores et déjà vous récompenser pour votre courage.

Nous oublions bien trop souvent de manifester notre gratitude pour les efforts que nous faisons et passons notre temps à nous plaindre de devoir faire ces efforts. Le calendrier de l'Avent de la patience est une manière de se défaire de cette mauvaise habitude et d'apprendre à mieux les apprécier, voire, à les célébrer !

Sur le modèle d'un calendrier de l'Avent, prévoyez des étapes au cours desquelles vous pourrez vous autorécompenser pour votre patience et vous accorder quelques petits plaisirs.

La première étape consiste à trouver des idées de « petits plaisirs » faciles à vous accorder et peu coûteux. Cette étape est parfois difficile tant nous sommes peu habitués à ce principe ! Observez ce qui vous apporte du bien-être dans votre quotidien et inscrivez-le ici.

EXEMPLE

Pour vous donner des idées, voici quelques exemples de « petits plaisirs » que j'aime m'accorder comme boire un jus de fruit fraîchement pressé, me masser les pieds ou bien allumer une bougie et un encens. Si j'attends quelque chose d'important, je peux même m'accorder des « gros petits plaisirs », comme m'acheter un livre, aller au cinéma ou au théâtre, passer chez le fleuriste. Ces plaisirs sont très personnels ! Prenez le temps de faire votre propre liste !

Exercice

Et maintenant à vous d'identifier vos « petits plaisirs » :

Exercice

La seconde étape consiste à remplir votre calendrier de l'Avent avec toutes les idées que vous aurez trouvées.

Adaptez ce calendrier en fonction de votre temporalité (parfois il s'agit de quelques minutes, parfois de plusieurs mois, voire années).

Mes prochaines vacances

1

2 | 3

4 | 5 M'accorder une journée entière à ne rien faire. | 6

7 | 8 | 9 | 10

11 | 12 Noter sur mon carnet tous les bons moments. | 13 | 14 | 15

16 | 17 | 18 | 19 M'acheter le livre des 4 accords toltèques[4]. | 20 | 21

4. *Les Quatres Accords toltèques*, Don Miguel Ruiz, Éditions Jouvence.

26. HAPPINESS THERAPY

La psychologie positive se concentre sur l'étude des gens qui vont bien pour essayer de déterminer la formule qui fonctionne pour être heureux. Et s'il y a une chose que nous pouvons retenir de cette étude, c'est qu'**un des traits de personnalité persistant des gens heureux est l'optimisme.** Les optimistes, face à l'adversité, ne perdent jamais de vue que – même s'il est possible qu'ils soient déçus, frustrés, etc. – tout se déroule toujours au mieux. Ils croient toujours que les choses s'arrangeront, qu'elles deviendront meilleures.

Les optimistes semblent partager un autre point commun : **la capacité à se servir de leurs qualités pour traverser les moments difficiles.** Ils ont une grande conscience des atouts de leur personnalité et savent s'appuyer dessus.

Sur le modèle des optimistes, nous vous proposons donc de noter ici quelles sont les qualités les plus marquées de votre personnalité et de trouver en quoi elles peuvent vous être utiles pour développer votre patience.

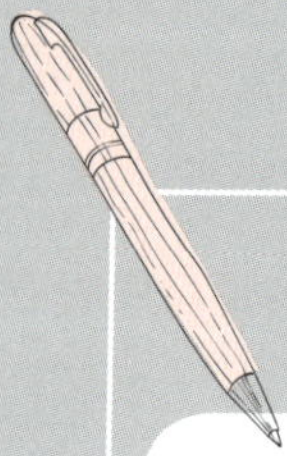

Exercice

Je m'arrête souvent pour constater à quel point je suis une personne chanceuse.

- ■ Entièrement d'accord
- ★ Parfois d'accord
- ● Jamais d'accord

Je me lève chaque jour curieux de ce que la journée va m'apporter.

- ● Entièrement d'accord
- ■ Parfois d'accord
- ▲ Jamais d'accord

Rien ne me rend plus heureux que de faire rire mes amis.

- ★ Entièrement d'accord
- ▲ Parfois d'accord
- ● Jamais d'accord

Je pense que j'apprendrai de nouvelles choses chaque jour jusqu'à ma mort.

- ● Entièrement d'accord
- ■ Parfois d'accord
- ✖ Jamais d'accord

Je ne recule jamais devant les défis.

- ✖ Entièrement d'accord
- ● Parfois d'accord
- ★ Jamais d'accord

Je trouve que même les situations les plus dramatiques peuvent prêter à rire.

- ★ Entièrement d'accord
- ● Parfois d'accord
- ▲ Jamais d'accord

J'aime faire les choses du quotidien de manière toujours différentes.

- ▲ Entièrement d'accord
- ■ Parfois d'accord
- ● Jamais d'accord

Je trouve toujours des super idées de cadeaux.

- ▲ Entièrement d'accord
- ✖ Parfois d'accord
- ▲ Jamais d'accord

Voici un petit test qui pourra vous aider à les distinguer !

Faites le total de croix, de triangles, de ronds, d'étoiles et de carrés figurant dans la première colonne (tout à fait), vous découvrirez ainsi page 110 sur quelle force intérieure vous appuyer quand vous vous sentez impatient[5] !

En toutes situations, je défends mes valeurs.

- ✖ Entièrement d'accord
- ■ Parfois d'accord
- ● Jamais d'accord

Je n'abandonne jamais une tâche avant de l'avoir terminée.

- ✖ Entièrement d'accord
- ● Parfois d'accord
- ▲ Jamais d'accord

J'ai toujours des idées de choses à faire pour m'occuper.

- ▲ Entièrement d'accord
- ■ Parfois d'accord
- ★ Jamais d'accord

J'aime faire les choses du quotidien de manière toujours différentes.

- ▲ Entièrement d'accord
- ■ Parfois d'accord
- ● Jamais d'accord

Dès que j'entends parler de quelque chose que je ne connais pas, je fais une recherche sur Internet.

- ● Entièrement d'accord
- ★ Parfois d'accord
- ■ Jamais d'accord

Quand mes amis n'ont pas le moral, je me rends toujours disponible pour les réconforter.

- ■ Entièrement d'accord
- ★ Parfois d'accord
- ● Jamais d'accord

Mon but dans la vie est de mettre de l'humour dans tout ce que je fais.

- ★ Entièrement d'accord
- ■ Parfois d'accord
- ★ Jamais d'accord

Je ressens des émotions profondes en observant les petites choses du quotidien.

- ■ Entièrement d'accord
- ● Parfois d'accord
- ▲ Jamais d'accord

5. Pour aller plus loin, vous pouvez faire le test *via* Character, créé par le Dr Martin Seligman, le « père de la psychologie positive » sur le site suivant (gratuit) : http://www.viacharacter.org/www/Character-Strengths-Survey

CHAPITRE 3

Des activités pour apaiser son mental

L'attente, qu'elle soit joyeuse ou pénible, agite nécessairement nos émotions et notre mental. Elle nous amène à faire des conjectures, à analyser, à imaginer tout ce qu'il *pourrait* se passer. **L'attente nous projette dans un futur incertain et nous déconnecte du moment présent, parfois jusqu'à le gâcher totalement.**

Une pratique simple de la méditation vous aidera à vous recentrer sur le moment présent. C'est un outil extrêmement puissant pour cultiver sa patience dans les moments difficiles.

Dans ce chapitre, vous trouverez différents exercices pour calmer l'agitation de vos pensées. Car, quoi que vous attendiez, le fait d'y penser ne peut rien changer au cours de choses... Vous aurez tout à gagner à apprendre à ne pas focaliser votre attention sur l'objet de votre attente.

27. LA MÉDITATION DU cœur

La méditation du cœur est un type de méditation qui peut se pratiquer sans guide et qui s'avère très efficace même en quelques minutes.

La méditation du cœur consiste simplement à se concentrer sur son cœur et à visualiser une lumière qui émane de celui-ci.

Exercice

Il vous suffit de :

Fermer les yeux.

Porter votre attention sur votre cœur.

Visualiser un halo lumineux autour de lui.

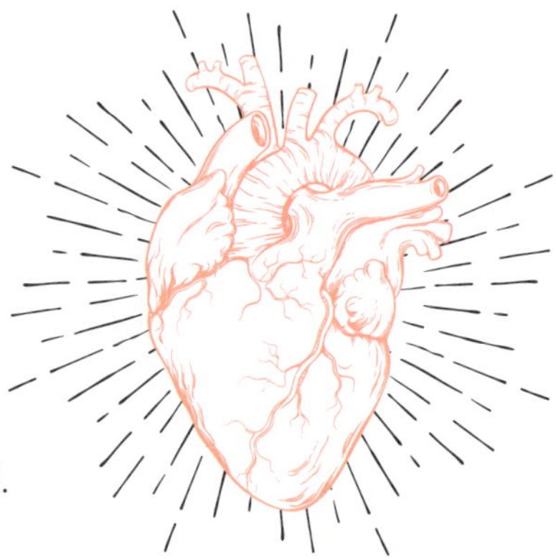

Vous aurez sûrement des pensées parasites qui vous traverseront l'esprit, c'est tout à fait normal. **Ne vous jugez pas et acceptez seulement de vous concentrer de nouveau sur votre cœur.**

Si vous n'avez jamais pratiqué la méditation, cela peut vous paraître ambitieux d'essayer pour la première fois en attendant le bus. Et pourtant, vous verrez que cela est tout à fait possible, il n'y a pas de moment parfait pour commencer ! Simplement, fermez les yeux et lancez-vous !

CONSEIL

La méditation du cœur peut se pratiquer de 5 minutes à plusieurs heures… À vous de décider !

28. LA PRAIRIE DU CALME

Vous avez essayé de méditer et malgré tout, votre esprit est trop encombré par l'attente. Vos pensées vont à mille à l'heure et vous ne pouvez plus arrêter de faire des conjectures. **Pour essayer de mieux les conscientiser et de les mettre à distance, représentez-les dans cette course d'obstacles.**

Puis, imaginez votre esprit sous la forme d'un cheval magnifique se préparer à surmonter ces obstacles, imaginez-le hennir fièrement, déterminé, puis s'élancer dans sa course et les franchir un à un avec grâce et légèreté... jusqu'à rejoindre une prairie calme et magnifique.

Ensuite laissez-vous porter par votre imagination... Imaginez votre cheval se promener, paisible, dans cette belle prairie.

29. VOICE DIALOGUE

La technique du *Voice Dialogue*[6] a été développée par deux psychologues américains (Hal et Sidra Stone). La méthode est simple et pourtant révolutionnaire : elle consiste à donner la parole à toutes nos voix intérieures en laissant s'exprimer à haute voix ces pensées qui nous parasitent en permanence, telles que les jugements dépréciatifs, les peurs irrationnelles, les comparaisons aux autres, etc. **La plupart du temps, nous percevons à peine ces voix intérieures. Elles agissent sur nous dans l'ombre de notre psyché, elles restent silencieuses, voire quasiment imperceptibles. Pourtant, ces pensées reflètent souvent les différentes facettes de notre personnalité, et demandent à être pleinement entendues, acceptées pour être apprivoisées.**

Cette méthode peut être développée de manière approfondie avec un analyste, mais il est également possible de l'utiliser, de manière plus légère, par soi-même, dans son quotidien. **Elle peut s'avérer très précieuse dans les moments où nous devons faire preuve de patience car elle nous permet de ne pas nous laisser diriger par des aspects nocifs de notre personnalité, tels que la culpabilité, le reproche, la dépréciation, etc.**

Si bien qu'il y a plusieurs années, lorsque j'ai découvert cette méthode thérapeutique, j'ai décidé de me la réapproprier à ma manière pour pouvoir l'utiliser au quotidien. J'ai dessiné mes propres « voix » sous forme de personnages et je leur ai donné un nom. Puis, je me suis mise souvent à les interroger intérieurement en me demandant à moi-même : « Qui parle maintenant ? Quel personnage guide mes décisions ?

6. Dialogue intérieur.

LAISSER S'EXPRIMER CES VOIX INTÉRIEURES

Suis-je d'accord avec lui ? » En faisant ce travail, j'ai remarqué que certaines « voix » me procuraient systématiquement une sensation de bonheur et d'accomplissement alors que d'autres, au contraire, avaient tendance à me déprimer et à me guider dans des situations désagréables.

Il m'a semblé que nous avons probablement tous et toutes, à un certain degré, des pensées qui s'expriment depuis la partie lumineuse de notre for intérieur, et d'autres qui émanent d'une partie plus obscure.

Cet exercice m'est encore aujourd'hui très utile au quotidien, car depuis que j'ai créé ces personnages, j'ai appris à prendre beaucoup de recul face à mes pensées, à les percevoir avec plus d'humour et à décider plus librement si je voulais que mes actions soient guidées en fonction de leur discours ou non. Et je peux vous assurer que, dans les moments d'impatience, cet exercice m'aide particulièrement bien ! Grâce à lui, j'ai appris à ne pas me laisser aspirer par la spirale de l'agitation intérieure. Je vais vous proposer dans un instant de vous livrer au même exercice, mais avant, je veux vous présenter le trombinoscope de mes propres voix intérieures :

CÔTÉ OMBRE

Le terrible juge :

« Tu n'arriveras jamais à rien, tout ce que tu peux attendre de la vie sera un échec. »

La gamine abandonnée :

« Personne ne t'aimera jamais vraiment.
Tu ne devrais jamais rien attendre
de personne ni de la vie ! »

Le mollusque défaitiste :

« Tout est vain, absurde, chimérique, dépourvu
de sens, n'entreprends rien, ça ne sert à rien. »

CÔTÉ LUMIÈRE

L'émerveillée de soi :

« Ose briller, ose être fière de toi, ose
te sentir magnifique et intelligente, ose te
sentir drôle et originale ! Ose te sentir toi ! »

La patate confiante :

« Tout se passera bien, tu es capable de tout,
tu peux faire tout ce dont tu as vraiment envie,
tu peux tout apprendre, aie confiance en toi. »

Le bon public MDR :

« Surtout, n'oublie jamais de rire de tout,
et surtout de toi ! N'oublie pas d'aimer
ton ridicule autant que ta splendeur ! »

La liberté :

« Tu peux faire tout ce que tu veux,
rien ne te limite, rien ne te retient,
suis tes envies et honore
ton immense liberté. »

Exercice

Maintenant, à vous de vous adonner à cet exercice ludique. Vous verrez, après l'avoir fait, vous ne percevrez plus jamais vos pensées parasites de la même façon !

Vous pourrez vous amuser à détecter « quel personnage » parle en vous et ainsi accepter ou non leur discours. Dans des moments d'impatience où les enjeux sont importants ou douloureux pour vous, cela vous permettra de vous calmer et de ne pas vous laisser envahir par des voix trop exigeantes ou effrayantes.

Dans cette tête, nommez et dessinez sous forme de personnages les différentes « voix » qui parlent constamment dans votre esprit.

30. EXERCICES DE *respiration* POUR MIEUX PRENDRE SON MAL EN *patience*

Exercices

Commencez par faire un petit bilan de votre respiration. Si vous le pouvez, allongez-vous, ou sinon asseyez-vous le dos bien droit et concentrez-vous sur votre respiration.

Pour le moment, respirez normalement et demandez-vous :

1. si elle est plutôt fluide ou difficile ;
2. si elle se situe plutôt dans votre bas-ventre ou dans votre poitrine ;
3. si votre souffle ouvre toute votre cage thoracique, même dans votre dos, ou si certains endroits vous semblent trop tendus ;
4. si votre diaphragme vous semble souple ou comprimé.

Ne vous jugez pas, prenez simplement note de l'état de votre respiration.

Bien souvent, nous oublions de respirer ou, à tout le moins, de BIEN respirer. Dans les moments où nous sommes stressés, impatients, **il est essentiel de prendre soin de sa respiration pour réduire l'emprise du stress.**

Voici trois exercices simples à pratiquer pour retrouver du calme grâce à la respiration.

EXERCICE 1 :

Ralentissez votre respiration, et quand vous vous sentez prêt, commencez ce travail de visualisation :

- à chaque expiration, imaginez que votre souffle emporte tous vos soucis et votre stress, votre souffle vous permet de tout évacuer ;
- à chaque inspiration, imaginez ensuite vous emplir d'amour et de paix ;
- petit à petit, faites durer de plus en plus longtemps vos cycles respiratoires sur 4 temps, puis 6 temps, 8 temps...

EXERCICE 2 :

Faites voyager votre souffle en imaginant inspirer et expirer par toutes les extrémités de votre corps. Par exemple, imaginez inspirer par les pieds, faire monter votre souffle le long de vos jambes, puis de votre colonne vertébrale jusqu'au sommet de votre crâne. Puis sur l'expiration, laissez redescendre progressivement votre souffle jusqu'à l'expirer par vos pieds. Vous pouvez répéter l'exercice en respirant par vos mains, votre crâne, vos coudes, etc.

EXERCICE 3 :

Imaginez que votre souffle est rempli de paillettes dorées et que, par la respiration, vous avez la possibilité de repeindre tout l'intérieur de votre corps de cette couleur chaude et lumineuse. À chaque inspiration, envoyez votre souffle vers les parties de votre corps qui ont besoin d'être illuminées. À chaque expiration, répandez les paillettes dorées dans tout votre corps.

31. S'ÉMERVEILLER

Pour la plupart, nous avons toujours l'impression que nous serons plus heureux plus tard. Et j'imagine que cela vous arrive aussi car rares sont les gens qui se satisfont totalement du moment présent.

Posez-vous donc cette question : qu'attendez-vous pour être plus heureux ? D'avoir un nouvel emploi ? D'avoir finalisé tel projet ? D'avoir déménagé à la campagne ? D'être en couple ? D'avoir des enfants ? D'être à la retraite, etc. Et pourquoi reportez-vous toujours à plus tard la possibilité d'un bonheur plus intense ? Qu'est-ce qui vous empêche d'être absolument heureux maintenant ?

Le saviez-vous ?

Des études montrent que lorsque de grands changements attendus surviennent, la sensation pure de joie ne demeure que très peu de temps. Aussitôt après, nous reprenons de façon égale la routine de nos préoccupations, de nos inquiétudes pour le futur, et nous déplaçons nos attentes sur un autre objet. D'ailleurs, notre bonheur dépendrait seulement à 10 % des éléments extérieurs ! Les recherches en psychologie positive postulent qu'il est conditionné à 40 % par la façon dont nous voyons les choses, c'est-à-dire par notre capacité à percevoir du bon en chaque chose.

Alors, quelle que soit la raison pour laquelle vous êtes en attente dans le moment présent, il est fondamental de ne pas laisser votre mental conditionner votre bonheur à l'issue de votre attente. Surtout si elle recouvre un enjeu important pour vous. En effet, votre

C'EST ICI ET MAINTENANT !

mental vous donnera toujours des raisons de croire que vous êtes malheureux parce que vous n'avez pas encore ce que vous attendez, il vous fera croire que votre bonheur est conditionné à la résolution de cette attente. Les pensées qui vous traverseront, ne feront qu'exciter votre impatience, la rendant toujours plus brûlante et douloureuse.

Alors que, tout compte fait, penser à ce que vous attendez ne changera rien à l'issue de votre attente et concourt seulement à rendre désagréable le moment présent que vous vivez. Nous vous proposons donc ici de mettre votre mental en sourdine et de laisser vos sens prendre le contrôle pour vous aider à vous concentrer sur l'ici et maintenant. Explorez les informations que vous procurent vos sens (l'ouïe, la vue, le toucher, le goût, l'odorat) et identifiez ce qui est agréable autour de vous :

- la douceur d'une lumière chaude ?
- le clapotis de la pluie sur une fenêtre ?
- la douceur de votre pull ?
- les saveurs d'un bon thé vert ?
- le parfum d'un passant ?

Il n'y a rien à attendre pour être heureux maintenant, le bonheur est toujours partout autour de vous, il vous suffit d'apprendre à le sentir.

CONSEIL

Laissez ces informations devenir votre réalité et apprenez à vous en émerveiller. Rappelez-vous que cette réalité est tout aussi puissante que celle de vos pensées et elle est souvent beaucoup plus agréable !

Exercice

Décrivez ici ce que vos sens perçoivent dans cet instant présent et qui vous semble agréable.

REGARDEZ AVEC VOS YEUX :

SENTEZ AVEC VOTRE NEZ :

GOÛTEZ AVEC VOTRE BOUCHE :

TOUCHEZ AVEC VOS MAINS :

ÉCOUTEZ AVEC VOS OREILLES :

Notez ici ce que cette expérience vous a apporté :

32. LE POUVOIR DE L'ÉTREINTE

Avez-vous déjà entendu parler d'Amma ?

Amma est une maîtresse spirituelle indienne qui est connue pour avoir pris dans ses bras plus de 29 millions de personnes. **Des foules entières se rendent à ses pèlerinages pour la rencontrer et recevoir son étreinte, qui procure paraît-il le sentiment d'un amour inconditionnel.** Pour recevoir le Darshan (c'est le nom de l'étreinte donnée par Amma), certaines personnes peuvent patienter en file pendant une journée entière. Évidemment, cette journée peut s'avérer très longue et épuisante tant l'impatience de rencontrer Amma est grande. Ces journées sont donc ponctuées par des méditations apaisantes, préparant à recevoir cette étreinte. Vous n'aurez peut-être pas la chance de voir Amma prochainement et de recevoir un de ses câlins (elle vient néanmoins en France au moins une fois par an). Mais quoi que vous attendiez, vous avez peut-être quand même besoin d'un simple câlin pour vous apaiser...

Exercice

Si vous le pouvez, demandez à un proche de vous prendre dans ses bras, comme un parent avec son enfant.

Et si cela n'est pas possible, visualisez simplement un immense Panda adorable et moelleux, puis pensez à toute la chaleur, l'amour et la bienveillance que vous ressentiriez dans ses bras.

Le saviez-vous ?

Il est prouvé scientifiquement que nous sécrétons davantage d'ocytocine lorsque nous recevons un câlin. Cette hormone est responsable de notre bien-être, alors pourquoi s'en priver ?

33. Lâcher prise

Vous n'en pouvez plus d'attendre, vous trépignez. Et vos proches vous encouragent à « lâcher prise ».

Vous pensez : « Lâcher prise… lâcher prise… plus facile à dire qu'à faire ! »

Eh bien, faites-le concrètement !

Exercice

Notez sur des petits bouts de papier toutes les raisons pour lesquelles votre impatience vous fait souffrir. Vous pouvez utiliser autant de papiers que vous le souhaitez.

Étalez-les devant vous.

Répétez-vous ensuite la phrase suivante :

« Je ne subis pas ma vie et je refuse les émotions négatives qui me dominent. »

Brûlez un à un les papiers et demandez au feu de transformer votre impatience en paix intérieure.

Le saviez-vous ?

Dans les traditions chamaniques, le feu est considéré comme une puissance transformatrice. Il n'est pas rare de donner au feu ce que l'on souhaite voir évoluer dans notre vie. La force de l'intention est puissante, si vous y mettez de la conviction, cela fonctionnera très certainement !

34. EXERCICE D'AUTO-HYPNOSE POUR REPOUSSER L'IMPATIENCE

L'auto-hypnose demande un peu d'entraînement, mais peut vous être très utile pour vous apaiser. Elle est idéalement à pratiquer dans la continuité de l'activité n° 4 sur la respiration qui favorise la concentration. **Elle permet d'entrer dans un état de conscience modifié et, en quelque sorte, « de communiquer avec son inconscient », de lui demander de dissiper les angoisses irrationnelles** auxquelles il nous soumet et qui ne sont pas toujours en lien avec le moment présent.

Exercice

Pour ce faire, vous pouvez commencer par écrire sur un papier votre objectif (une autosuggestion positive) pour la séance que vous souhaitez entreprendre. Il est important de formuler votre objectif de manière positive, car l'inconscient fonctionne de manière très littérale. Si j'écris « ne pas penser à une licorne verte à pois roses », je la vois immédiatement apparaître dans mon esprit. Il me faut donc formuler ce que je souhaite et non ce que je ne souhaite pas, et cela est déjà un très bon premier exercice en soi. **Définissez un objectif simple, réaliste pour les heures ou la journée à venir.**

Par exemple : « Je souhaite passer le plus clair de ma journée à penser à mes projets artistiques. »

Prenez une position assise confortable, et pratiquez les exercices de respirations recommandés dans l'activité n° 30 pour vous détendre.

Définissez une durée à la séance d'auto-hypnose simplement en le formulant à haute voix :
« Cette séance d'auto-hypnose va durer 15 minutes. »

Entamez une respiration abdominale plus intense à un rythme soutenu en laissant votre ventre se gonfler à chaque inspiration et se dégonfler à chaque expiration. Concentrez-vous le temps nécessaire sur cette respiration jusqu'à ce que vous perceviez de petites transformations dans votre état corporel (fourmillements, étourdissements, engourdissements, etc.).

Formulez ensuite mentalement au moins à cinq reprises votre autosuggestion positive.

Laissez cette autosuggestion positive irradier à l'intérieur de vous, comme si elle vous envahissait. Laissez-vous envahir par la sensation de transe légère qui vous traverse, sans lui résister. Cet état va durer naturellement le temps que vous aurez défini en amont. Votre inconscient saura exactement quand il doit vous sortir de cet état.

Prenez le temps pour sortir de l'état hypnotique. Vous verrez, c'est un peu comme sortir d'une légère sieste, sauf que l'on est resté éveillé.

Laissez ensuite agir les effets de l'auto-hypnose, sans rien faire de particulier [7].

---

7. Pour aller plus loin, vous pouvez consulter l'ouvrage de Bernard Raquin, *Pratique de l'auto-hypnose*, Éditions Jouvence.

35.

CARTOGRAPHIE DES ÉMOTIONS

Exercice

Représentez sur ce schéma les endroits de votre corps où se manifeste votre impatience et quelle sensation physique cela vous procure.

Par exemple : ressentez-vous des aigreurs d'estomac, des raideurs dans la nuque, un martèlement dans les tempes, un poids sur la poitrine, une sensation de brûlure dans la trachée, des fourmillements dans les mains ?

Puis détaillez les sensations que vous identifiez :

....

....

....

....

....

Une fois que vous les aurez localisées, vous verrez qu'elles prendront moins d'importance. Vous aurez conscience qu'elles ne sont qu'une sensation désagréable à un endroit de votre corps. Rien de plus.

Avez-vous déjà considéré que les émotions sont avant tout des sensations physiques ?

Les expressions de la langue française reflètent bien cette réalité : avoir la peur au ventre, avoir le cœur lourd, en avoir plein le dos, etc.

Coloriez sur ce schéma les parties de votre corps qui vous semblent exprimer votre impatience.

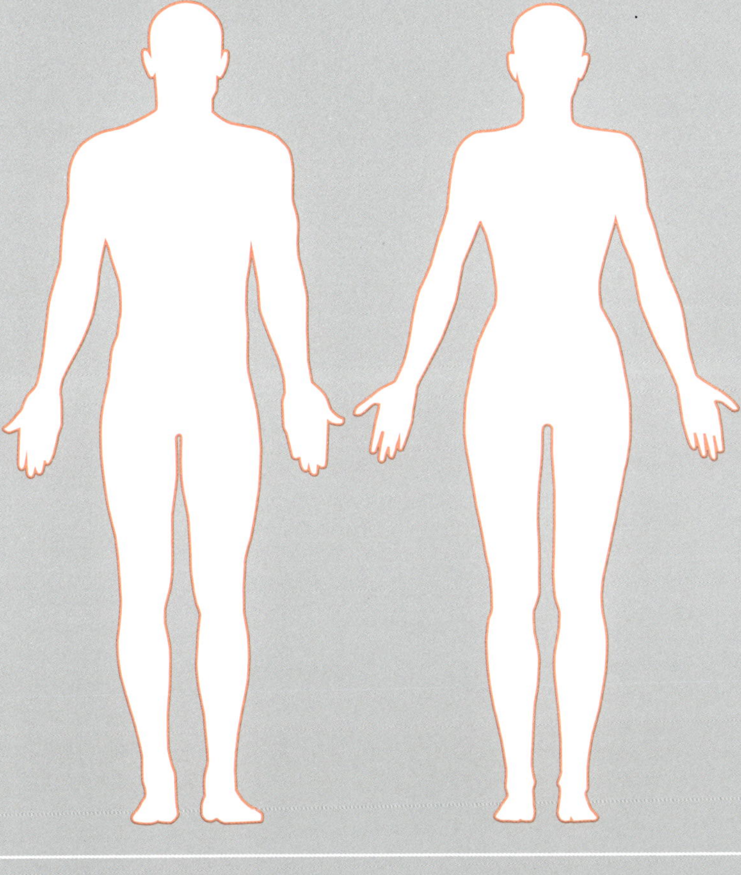

36. FORMULE *magique*

Nous vous proposons ici un exercice inspiré de la psychologie positive : créer votre propre formule magique pour résoudre la situation d'attente que vous vivez.

Pour donner un exemple, voici la formule que j'ai créée en attendant une amie dans un café et qui avait déjà plus de 15 minutes de retard ! Aussitôt ma formule magique prononcée avec conviction, elle est apparue !

Trois fois en rond je tournerai
Trois fois en arrière je reculerai
Trois fois en l'air je fulminerai

Et à trois, tu apparaîtras.

Le saviez-vous ?

La loi de l'attraction est une croyance apparue au XIXe siècle, lorsque l'on a commencé à observer que notre état mental pouvait avoir un effet sur des maladies physiques. **Elle repose sur l'idée que les êtres humains sont « pures énergies », et que si leurs pensées et leurs émotions sont alignées à leurs souhaits profonds, l'énergie impalpable qu'ils dégagent ainsi générera nécessairement la réalisation matérielle de leur souhait.** Les exercices issus de cette mouvance consistent, la plupart du temps, à des visualisations positives, telles que se représenter ce que nous voulons comme si cela était déjà arrivé[8].

8. Pour aller plus loin, vous pouvez consulter le livre de Slavica Bogdanov, *Loi de l'attraction : mode d'emploi*, Éditions Jouvence, 2016.

Exercice

Vos formules magiques

37. CRÉEZ VOTRE MÉDITATION

Créer vous-même une méditation guidée pour cultiver la patience. **Vous pourrez ensuite l'enregistrer, la réécouter ou la partager avec vos proches.**

EXEMPLE

Pour exemple, voici une méditation que je me suis créée afin de me sentir moins impatiente :

« Le moment est venu de te remplir du silence, d'en sentir l'odeur, de goûter sa saveur et de palper sa texture. Le moment est venu de te remplir du vide, de longer ses contours, de plonger dans son antre et de tisser ses limites. Le moment est venu de te remplir de l'inconnu, de caresser ses mystères, de regarder ses yeux clairs et de te reposer dans ses bras. Le moment est venu d'abandonner tes tracas... »

Exercice

À vous de jouer :

....

....

....

....

....

....

38. LE TAROT ZEN D'OSHO

Vous peinez à canaliser votre impatience et cela trouble votre capacité à comprendre le moment présent, à prendre des décisions, à savoir comment vous orienter dans les instants à venir. Nous vous proposons de vous nourrir de la sagesse d'Osho pour vous aider à vous apaiser.

Osho a créé un jeu de tarot qui permet, par le hasard des cartes, de percevoir quelle est l'essence des questions qui nous traversent dans le moment présent et ce qui pourrait nous aider à y remédier. Bien sûr, les jeux de tarot demeurent l'œuvre du hasard, mais chaque carte contient des paroles d'une telle sagesse qu'il est toujours intéressant et apaisant de les lire. En tout cas, pour ma part, à chaque fois que je fais un tirage, je suis sidérée de la justesse de leurs recommandations.

Le saviez-vous ?

Osho est un maître spirituel indien (1931-1990) qui est l'inventeur de la méditation dynamique, un type de méditation qui associe les apports des traditions spirituelles anciennes et de la science. Il a écrit plusieurs livres très inspirants pour apprendre à persévérer dans l'adversité, comme *La Liberté*, *Le courage d'être soi-même*.

Exercice

Vous pouvez réaliser vous-même un tirage (gratuit) sur le site Internet d'Osho : **https://tirage-de-tarot.com/zen-osho**, ou sur l'application mobile du même nom. Cela vous occupera et vous donnera très probablement matière à vous apaiser.

CHAPITRE 4

Des activités pour développer sa créativité

La question de la fonctionnalité de l'art dans notre société a souvent été posée dans les débats politiques, pour savoir s'il était nécessaire de soutenir les artistes – qui ont parfois peu de succès de leur vivant – par des subventions publiques. Cette question provoque toujours d'intenses débats, les uns arguant que c'est aux artistes de subvenir à leurs besoins en plaisant à leur public, les autres défendant leur droit à créer malgré l'incompréhension de leurs contemporains...

Mais dans ce débat, il y a un élément central qui semble être toujours oublié : c'est la nécessité de l'art pour notre santé mentale ! Car l'art – que nous le créions nous-même ou que nous profitions de celui créé par d'autres – **nous permet de nous connecter à nos émotions les plus profondes, celles que nous avons du mal à intégrer dans une vie sociale normale, celles que nous ne savons pas forcément comment exprimer ou manifester.**

Il est donc fondamental de pouvoir se laisser toucher par des productions artistiques, quelle que soit leur forme : la peinture, la danse, le théâtre, la photographie, le clown, le cirque, la musique, etc.

C'est d'ailleurs le pari de l'art thérapie qui utilise la créativité artistique à des fins thérapeutiques ou de développement personnel.

Dans ce chapitre, nous vous invitons donc à révéler vos talents artistiques afin de canaliser toute l'impatience qui vous traverse et la transformer en œuvres d'art !

39. CONCOURS d'imagination

Quelque soit l'événement que vous attendez, laissez votre imagination s'emparer de vous. N'hésitez pas à inventer les scénarios les plus fous à partir de la situation réelle que vous traversez, et rédigez ici une histoire contenant les éléments suivants :

« J'attendais, depuis un temps qui me paraissait déjà beaucoup trop long, et je commençais sérieusement à m'impatienter, quand tout à coup… »

Exercice

À vous maintenant d'écrire des histoires à partir de situations que vous vivez ! Votre seule contrainte est de réussir à utiliser les éléments proposés ci-dessus dans votre histoire !

....

....

....

....

....

....

....

....

EXEMPLE

Voici une histoire que j'ai inventée lors d'une situation quotidienne particulièrement agaçante, et qui m'a permis de bien mieux supporter un trajet interminable pour rentrer chez moi.

J'attendais, depuis un temps qui me paraissait déjà beaucoup trop long, et je commençais sérieusement à m'impatienter… Le TER que j'empruntais chaque jour pour rentrer chez moi avait déjà vingt minutes de retard sur le départ, alors que je venais de passer une journée harassante de travail. Je pestais, j'avais froid, et surtout j'étais sur le point de craquer. J'aurais juste aimé pouvoir me télé-transporter jusqu'à mon petit canapé douillet. J'étais célibataire et très solitaire, mais au moins, chez moi, j'avais un chat adorable qui me tenait chaud! Je sentais les larmes me monter aux yeux. Et c'est à ce moment-là que la conductrice prit le micro pour nous informer de la situation : « Mesdames et Messieurs, notre TER à destination de Miramas aura environ quarante minutes de retard au départ, dû à une avarie technique, et peut-être davantage à l'arrivée. Nous vous prions de bien vouloir nous excuser. » C'en était trop et j'éclatais en sanglot! Je n'en pouvais plus de cette vie… Je me mis à chercher un mouchoir dans le fond de mon sac, **quand tout à coup** je me rendis compte qu'il y avait dedans une petite boîte bleue que je n'avais jamais vue auparavant. C'était une boîte magnifique, finement décorée, ornée de pierres précieuses. Elle semblait venir d'un autre temps. J'oubliais instantanément ma tristesse et me demandais comment cette boîte avait pu arriver dans mon sac. Je ne pus résister à la tentation de l'ouvrir délicatement pour voir ce qu'elle contenait. L'intérieur était tapissé d'une petite épaisseur de velours rouge et sentait les temps anciens. J'eus l'impression qu'elle n'avait pas été ouverte depuis de très nombreuses années. Elle contenait un minuscule bout de papier qui, à vrai dire, ressemblait plutôt à un parchemin. Avec toutes les précautions possibles, je le dépliais et découvris un message. Et je n'en revins pas de découvrir qu'il m'était adressé. Il disait simplement : « Floréal, entame la conversation avec la personne assise en face de toi, c'est l'amour de ta vie. » J'hésitais un instant tant tout cela me paraissait ridicule… Était-ce une caméra cachée? Je regardais autour de moi, et ne remarquais rien d'anormal. Alors je me dis : « Dans le fond, pourquoi pas? Je n'ai rien à perdre… », et lui demandais simplement : « Bonjour, comment vous appelez-vous? » Elle s'appelait Alia. C'était un prénom absolument magnifique et je sentis aussitôt mon cœur se serrer…

40. LA PATIENCE DE L'ARTISTE

Commencez par méditer sur cette phrase de Rainer Maria Rilke dans son ouvrage Lettres à un jeune poète.

« Le temps, ici, n'a pas de mesure. Un an ne compte pas : dix ans ne sont rien. Être artiste, c'est ne pas compter, c'est croître comme l'arbre qui ne presse pas sa sève, qui résiste, confiant, aux grands vents du printemps, sans craindre que l'été puisse ne pas venir. L'été vient. Mais il ne vient que pour ceux qui savent attendre, aussi tranquilles et ouverts que s'ils avaient l'éternité devant eux. Je l'apprends tous les jours au prix de souffrances que je bénis : la patience est tout. »

Exercice

Puis rédigez ici un petit texte faisant état de tout ce qui vous retient de réaliser les projets artistiques que vous désireriez faire. Peut-être aimeriez-vous écrire plus souvent ? Chanter ? Apprendre la guitare ? **Faites le point sur tout ce qui vous paraît représenter des blocages pour vous-même.**

....

....

....

....

....

....

....

....

L'impatience aurait-elle quelque chose à voir avec vos blocages ?

41. LA MUSIQUE EST *partout*

Dans cette activité, nous vous invitons à vous inspirer de l'approche originale de la création musicale initiée par John Cage, un musicien et compositeur américain. **Ses méthodes de travail incitent à utiliser tous les matériaux sonores qui nous entourent pour créer de la musique.** Ses compositions étaient souvent élaborées à partir de listes d'actions aléatoires que les participants (souvent des danseurs) devaient réaliser pour générer un univers sonore musical (se brosser les dents, passer le balai, réparer un objet, etc.). **Cette méthode de composition et d'interprétation de la musique a l'avantage de pouvoir se pratiquer n'importe où, avec n'importe qui et dans n'importe quelle circonstance. Il n'y a absolument pas besoin de disposer d'instruments de musique.**

Exercice

Nous vous proposons un exercice inspiré des méthodes de John Cage.

1. Commencez par écouter tous les bruits autour de vous en partant des plus proches de vous (le ronronnement de votre respiration, les battements de votre cœur), et en vous éloignant progressivement (les grincements du parquet, les voisins, le vrombissement des voitures qui passent dans la rue). Observez comme tous ces bruits se mélangent, forment une mélodie, une rythmique qui leur sont propres.

2. Observez les objets autour de vous et considérez-les tous comme des instruments de musique potentiels. Saisissez-vous d'un ou plusieurs objets qui vous plaisent et explorez leurs sons grâce à différents types d'impacts (tapoter, frotter, caresser, secouer, etc.).

3. Composez une petite œuvre de musique contemporaine grâce à ces instruments improvisés (si vous êtes plusieurs, c'est encore mieux !).

4. Enregistrez votre composition sur votre téléphone et écoutez-la à chaque nouvelle impatience en essayant de distinguer tous les sons.

42. LA POÉSIE DE LA PATIENCE

Écrivez un acrostiche sur la patience ou sur tout autre thème qui vous tient à cœur !

Voici l'acrostiche que j'ai composé en attendant mon train hier soir à la gare Montparnasse. J'étais entourée d'une foule de gens pressés. Pressés de rentrer chez eux, pressés de prendre un train, pressés de rejoindre leurs proches. Pressés.

Partout, je vois des gens qui courent,

Affairés, ils semblent aveuglés, sourds,

Titubants, affolés, dans une course effrénée,

Impatients de se frayer un chemin dans l'impossible,

Espérant ardemment des horizons plus radieux,

Naviguant dans la foule la tête baissée,

Comme si l'exploit de la vitesse pouvait
les rendre invincibles.

Et qui finalement, oublient de prendre
le temps d'être heureux...

Exercice

Vos acrostiches :

P ....
A ....
T ....
I ....
E ....
N ....
C ....
E ....

C ....
A ....
L ....
M ....
E ....

P ....
A ....
I ....
S ....
I ....
B ....
L ....
E ....

43. DESSINER LES *yeux fermés*

Une activité classique en art thérapie consiste à dessiner les yeux fermés afin de libérer ses émotions sur une feuille sans juger du caractère esthétique de ce que nous faisons. Dans cet exercice, il est possible d'essayer de représenter quelque chose de concret, mais également de s'exprimer à travers des formes abstraites.

Alors, dans un moment d'impatience, prenez un stylo, fermez les yeux et lancez-vous au bas de cette page !

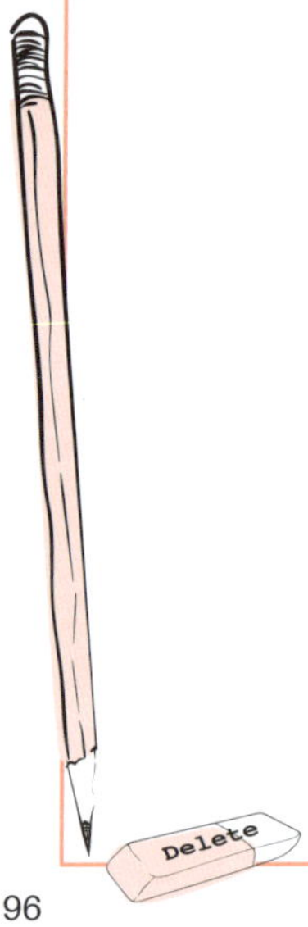

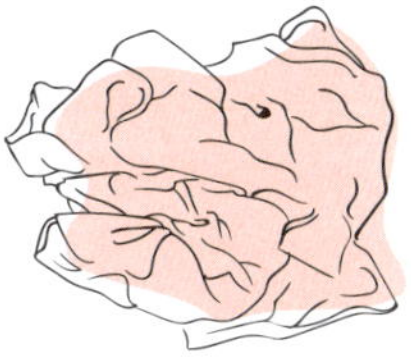

44. ATELIER D'ÉCRITURE

Savez-vous que J. K. Rowling, l'auteure d'Harry Potter a commencé à rédiger son roman, bloquée dans un train ?

Et vous, quelles aventures extraordinaires pourriez-vous inventer pendant que vous attendez ?

Exercice

Commencez ici à rédiger votre histoire.

45. DESSINER POUR EXPRIMER SES ÉMOTIONS

Je ne suis pas une championne du dessin, mais j'aime quand même dessiner, cela me calme lorsque je me sens agitée et impatiente.

EXEMPLE

Voici une petite bande dessinée que j'ai créée sur la Patience. Je me sers d'un personnage vraiment très simple, facile à reproduire, mais qui me permet d'exprimer mes émotions !

Exercice

Alors, que vous soyez un pro du dessin ou pas du tout, prenez un crayon et lancez-vous sans vous juger ! Créez votre propre personnage et faites-lui vivre une aventure en quelques cases !

Contrainte : essayez d'utiliser l'humour et la dérision autant que possible !

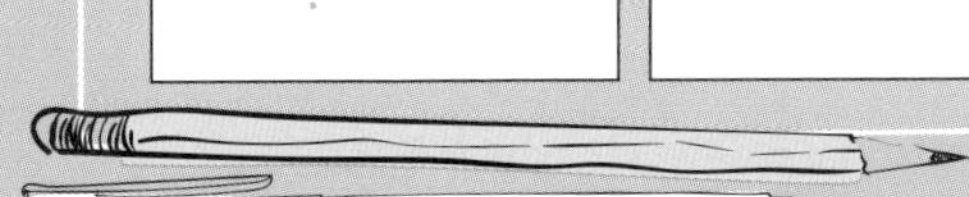

46. OULIPO STYLE

Exercices

Voici quelques exemples de contraintes oulipiennes que vous pouvez utiliser pour créer des textes.

1. Le Perverbe : il s'agit d'associer deux (ou plusieurs) morceaux de proverbes ou locutions. Ainsi : « Rien ne sert de courir quand le chat n'est pas là » est un mélange de : « Rien ne sert de courir, il faut partir à point », et de : « Les souris dansent quand le chat n'est pas là. »

Voici quelques proverbes sur la patience qui pourrait vous inspirer :

« La patience médecine du pauvre. »

« Qui ne se lasse point, vient à bout de tout. »

« Rien ne sert de courir, il faut partir à point. »

« Tout mal guérit par patience. »

« Patience et longueur de temps font plus que force ni que rage. »

À vous de jouer :

....

....

....

....

....

....

L'Ouvroir de Littérature Potentielle (OuLiPo) est un mouvement littéraire né dans les années 1960 qui a pour particularité d'imposer des contraintes aléatoires dans la rédaction d'un texte. L'exemple le plus connu est La disparition de George Perec, un roman écrit entièrement sans la lettre E.

2. Un poème de métro : c'est un poème écrit pendant le temps d'un voyage en transport. Vous pouvez par exemple écrire une strophe entre chaque station de métro. Vous pouvez aussi faire des poèmes de TER, ou les noter rapidement à chaque feu rouge sur un bout de papier...

47. PHOTOGRAPHE EN HERBE

Il y a tant de situations où l'impatience nous gagne, surtout parce que nous nous ennuyons. Un moyen simple d'y remédier est donc simplement de développer sa créativité. Et même si vous ne vous sentez pas très créatif, vous verrez que cela peut consister en des activités très simples, telles que celle-ci.

Exercice

Avec votre téléphone, essayez de faire des photos « artistiques » de toutes les choses les plus banales qui vous entourent (des assiettes, des livres, des bancs, des lampadaires, des voitures, une pomme, etc.).

C'est un travail qui peut paraître simple en apparence, mais vous vous rendrez compte qu'il demande en fait beaucoup d'attention et de créativité. Il vous faudra observer les objets avec attention, les nuances de couleur, la luminosité pour décider de la manière dont vous allez les mettre en scène.

Cette activité vous permettra de **faire ressortir la beauté de chaque chose et de développer votre capacité à vous en émerveiller.**

N'hésitez pas, ensuite, à partager vos photos !

48. LA DANSE LIBRE DE LA patience

La danse libre a été inventée au début du XIXe siècle pour rompre avec les codes de la danse classique et des chorégraphies.

Elle a pour objectif de nous permettre de nous reconnecter à une danse totalement libérée des contraintes esthétiques, de la reproduction de figures, de significations, etc. Elle propose simplement que la danse soit l'expression de notre être, de notre ressenti du moment, de notre besoin très primaire de vivre la musique dans notre corps.

Exercice

Pour évacuer votre impatience, mettez une musique que vous aimez et qui vous inspire dans le moment présent, et laissez-vous danser avec ce qui vous habite. **Laissez vos émotions vous traverser et irriguer votre corps. Laissez le mouvement devenir votre mode d'expression.** Laissez-vous perdre vos repères de l'espace et du temps. Laissez-vous glisser dans la transe délicieuse que procure la danse.

Peut-être que vous éprouverez l'envie uniquement de bouger vos doigts ou votre tête, mais peut-être aussi que votre corps sera ravi d'entamer une danse frénétique, alors simplement, **écoutez votre corps !**

49. HEUREUSE QUI COMME PÉNÉLOPE…

Dans la mythologie grecque, Pénélope est l'épouse fidèle d'Ulysse, qu'elle a attendu pendant vingt ans alors qu'il combattait pendant la guerre de Troie. Mais dès le départ de son bien-aimé, Pénélope a été confrontée à des demandes en mariage incessantes de nouveaux prétendants. Pour repousser leurs demandes, et ne pas être forcée de se marier à un homme autre que celui qu'elle aimait, elle imagina un stratagème : confectionner une tapisserie qu'elle affirma devoir finir avant de se remarier. Mais elle ne l'acheva jamais, car en secret, elle défaisait la nuit ce qu'elle avait tissé le jour.

Exercice

Imaginez tout ce que Pénélope aurait pu faire si elle n'avait pas passé vingt ans à réaliser une tapisserie, pour pouvoir repousser les demandes de ces insistants prétendants en attendant Ulysse…

....

....

....

....

....

....

....

La patience a-t-elle vraiment toujours du bon ?

50. ACTIVITÉ FONDAMENTALE : NO EXPECTATION CHALLENGE

Après deux mois à travailler régulièrement sur cet ouvrage et à m'interroger sur mes propres attentes et impatiences, j'ai eu l'idée d'un exercice qui m'a semblé être le plus difficile de tous. Mais tout comme le *No Complain Challenge*, une fois que j'en ai eu l'idée, je n'ai plus pu m'en passer !

Cette idée m'est venue un soir où, au moment de me coucher, je me sentais déçue de moi-même. Il y avait tant de choses que j'avais espéré accomplir pendant ma journée et que je n'avais pas faites. Je me reprochais de ne pas avoir été assez efficace et organisée, d'avoir trop procrastiné, et d'avoir perdu mon temps avec des futilités. **Je me rendais compte à ce moment-là que mes attentes les plus insupportables sont en fait celles que j'ai envers moi-même.** Je suis toujours en train d'attendre de moi le meilleur : bien travailler, être attentive à mes proches, profiter de la vie, faire du sport, bien manger, prendre soin de mon appartement, être créative, écrire tous les jours, mener à bout mes projets, etc. Je pourrais continuer cette liste indéfiniment ! Cela génère en permanence des émotions désagréables. Je m'impatiente quand je n'avance pas assez vite sur mon travail, je fulmine quand j'estime ne pas avoir pris suffisamment soin de moi ou de mes proches, je culpabilise de ne pas mieux utiliser mon temps, je suis frustrée de ne pas être une meilleure version de moi-même ! C'est infernal !

J'ai pris conscience que je voyais la vie comme un long parcours dont l'objectif serait d'avoir accompli le plus de choses possible, que je me fixais en permanence des objectifs nouveaux à atteindre, que j'avais l'impression que seulement alors je pourrais vraiment me sentir heureuse de ma vie. **Et évidemment, je passais mon temps à m'impatienter d'atteindre enfin un jour ce prétendu « état d'accomplissement ».**

Et soudainement, j'ai trouvé cela complètement absurde !

Alors, ce soir-là, avant de m'endormir, j'ai commencé à imaginer ce que serait la vie, si je n'avais aucune attente envers moi-même. J'ai d'abord pensé que ce serait extrêmement déprimant, que cela signifierait que je n'aurais plus aucune envie, aucun rêve, aucun espoir. Mais petit à petit, **j'ai compris que peut-être, au contraire, cela me permettrait de me reconnecter plus innocemment à mes envies et à un sentiment de joie.** Plutôt que de toujours juger mes actions en fonction du standard imposé par mes attentes, je pourrais simplement les vivre, en profiter, telles qu'elles sont.

Je me suis donc lancé ce défi : « **Demain matin, en me réveillant, je ne veux rien attendre de moi pour la journée.** » Je me suis endormie apaisée, amusée de mon idée, mais au réveil, cela s'est avéré très difficile. Sitôt les yeux ouverts, je pensais déjà à tout ce que je devais ou voulais accomplir dans la journée. J'avais l'impression de me donner déjà des « objectifs » pour la journée et de conditionner mon bonheur uniquement à l'atteinte de ces objectifs. Cela m'a demandé un sacré effort pour me convaincre de seulement profiter de ma journée, quoi qu'il se passe. Mais dès lors que j'ai commencé mon défi, une autre réalité m'est apparue. J'avais la chance de pouvoir faire plein de choses dans ma vie et en cessant de croire que je devais être efficace pour tout, il m'apparaissait que tout était passionnant. J'allais pouvoir profiter de l'eau chaude de la douche sur ma peau sans gâcher mon plaisir parce que je devais faire vite. J'allais pouvoir apprécier mes céréales du matin sans songer déjà à la réunion que je devais animer dans la matinée. J'allais pouvoir marcher dans les rues de Paris en remplissant mes yeux des beautés architecturales plutôt qu'en étant comme aveuglée par la seule idée d'effectuer mon déplacement au plus vite. J'allais pouvoir passer ma journée à travailler en appréciant chaque tâche sans être toujours préoccupée en permanence par ma *« To do list »* !

Le soir, en rentrant chez moi, j'étais étonnée de constater que j'avais passé une excellente journée, je m'étais sentie très inspirée, très disponible, très ouverte… Et surtout, j'avais fait énormément de choses ! Et là, je me suis dit… en fait, c'est ça le secret de la patience : ne rien attendre ! En me couchant, j'ai décidé de poursuivre mon NO EXPECTATION CHALLENGE et de l'étendre. Le lendemain, je voulais essayer de ne plus rien attendre de moi-même, ni des autres, ni des forces mystérieuses de l'univers.

Depuis, je pratique tous les jours ce défi. Il est devenu (paradoxalement) la seule attente que j'ai envers moi-même. Certains jours sont plus difficiles que d'autres, mais chaque jour, je progresse, et j'apprends à devenir moins exigeante envers moi-même, envers les autres et envers toutes circonstances extérieures.

LES RÈGLES DU NO EXPECTATION CHALLENGE

Cela vous tente d'essayer ?

Les règles de ce défi sont les suivantes :

- **Ne vous fixer aucun objectif de vie**
- NE VOUS FIXER AUCUN OBJECTIF QUANTITATIF NI QUALITATIF
- **N'avoir aucune attente envers vous-même**
- N'AVOIR AUCUNE ATTENTE ENVERS LES AUTRES
- **Ne rien attendre de la vie, en général**

Exercice

Pour commencer, donnez-vous d'abord une durée raisonnable, essayez par exemple, pendant un moment court et facile (le matin avant de partir au travail, pendant votre pause déjeuner, le soir avant de vous coucher, etc.). Puis petit à petit, si cela vous plaît, étendez le challenge à quelques heures, quelques jours, etc.

Rassurez-vous, il est normal que cela vous paraisse difficile dans un premier temps et que cela vous donne le vertige. Vous allez sûrement être amené à questionner le sens de chacune de vos occupations. Mais dans un premier temps, il est surtout essentiel de :

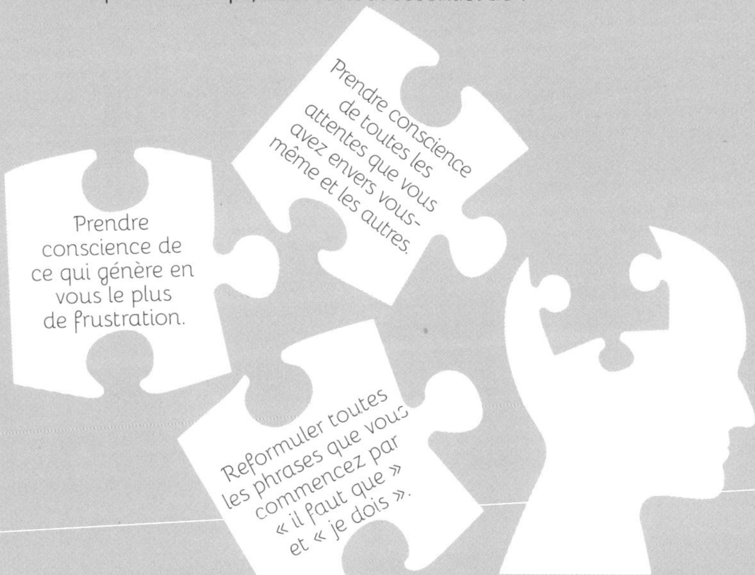

Au début, vous aurez peut-être l'impression que ne rien attendre vous amène inévitablement à ne rien faire. Mais dites-vous que ce serait de la triche ! Cet exercice vise simplement à vous apprendre à vivre d'une nouvelle façon vos activités.

CONSEIL

Et bien sûr… n'oubliez pas de continuer à pratiquer en même temps le *No Complain Challenge* !

CORRIGÉS

EXERCICE 3

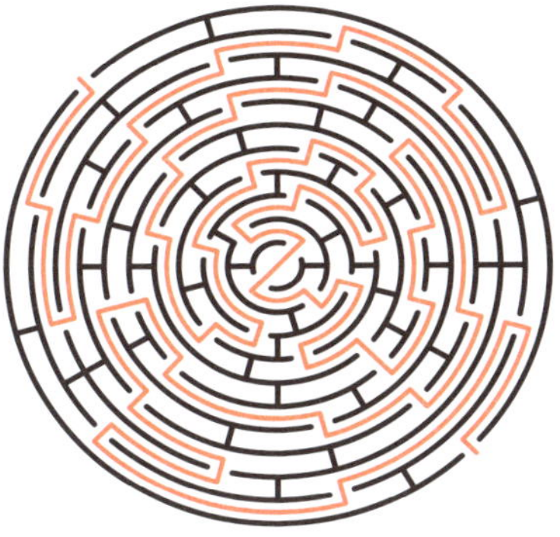

EXERCICE 4

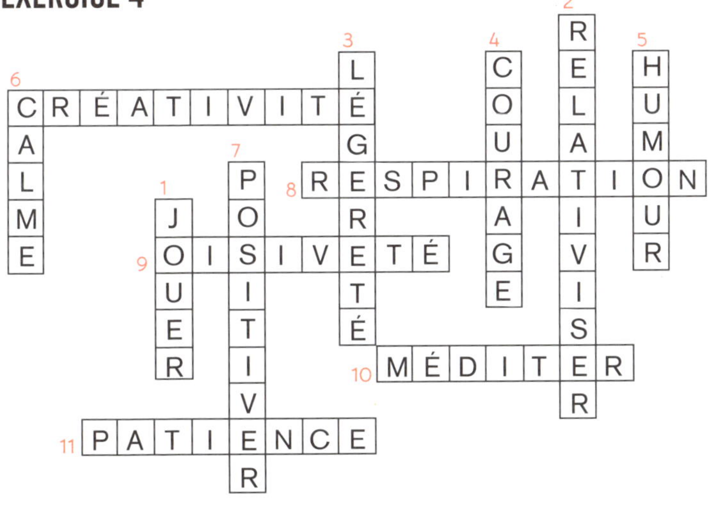

EXERCICE 26

✖ LE COURAGE

Vous êtes une personne courageuse (peut-être parfois trop ?) et vous êtes capable d'endurer des situations difficiles sans vous sentir abattu. Certaines situations peuvent vous être pénibles bien sûr, mais vous êtes le genre de personne qui sait garder son calme et persévérer malgré tout. Alors surtout, n'oubliez pas d'être fier de vous !

▲ LA CRÉATIVITÉ

Vous êtes une personne très créative, ce qui doit vous sauver bien souvent de l'ennui. Lorsque vous vous sentez impatient, appuyez-vous absolument sur cette qualité pour vous divertir et détourner votre attention vers des choses plaisantes !

● LA CURIOSITÉ ET L'AMOUR DE L'APPRENTISSAGE

En toutes situations, vous aimez apprendre et découvrir de nouvelles choses. Voilà qui vous garantit de ne jamais manquer de ressources lorsque vous devez patienter. Lisez, surfez sur Internet, parlez avec des gens que vous ne connaissez pas, écoutez la radio, c'est le meilleur moyen pour vous de ne pas trop souffrir de l'impatience.

★ L'HUMOUR

Vous avez une chance extraordinaire, vous êtes capable de voir les aspects drôles, ridicules, absurdes de toutes situations, même les plus pénibles. Donnez-vous-en à cœur joie sur l'impatience, car s'il y a bien un sentiment qui nous plonge dans des états inconsidérés pour peu de raison, c'est celui-là !

■ LA GRATITUDE ET L'OPTIMISME

Vous faites partie des gens qui savent voir le bon en toutes choses. Vous devez patienter, vous pensez aussitôt que c'est l'occasion de vous reposer, de prendre du recul sur certaines choses. Et surtout, votre optimisme vous protège d'imaginer des scénarios catastrophes qui ne feraient qu'accroître votre anxiété. Eh bien, vous pouvez éprouver de la gratitude de ressentir aussi facilement de la gratitude !

MES ACTIVITÉS PERSONNELLES

Peut-être qu'à la lecture de ce livre vous avez eu l'idée de nouvelles activités qui vous aideraient à surmonter des moments d'impatience, ou peut-être avez-vous éprouvé le besoin de modifier certaines d'entre elles. Voici donc quelques pages pour que vous puissiez compléter ce cahier d'activités à votre manière !

Titre : ....

Consigne :

....

....

....

....

....

....

Titre : ....

Consigne :

....

....

....

....

....

....

Dépôt légal : avril 2019
Achevé d'imprimer en avril 2019
Imprimé en Bulgarie